개방과 폐쇄의 딜레마, 북한의 이중적 경제

차 례

Contents

북한경제의 발전과정: 경제체제의 특징

북한경제의 초기조건과 특징

1945년 8월 15일 해방 직후, 북한은 한반도 전체의 22만 평방 km^2의 약 54.5%에 해당하는 12만 km^2지역을 점유하고 있었다. 그러나 북한은 당시 남한보다 넓은 지역을 점유하였지만 이 가운데 농경지로 가능한 면적의 경우 전체 지역의 15% 수준이었다. 인구도 1944년을 기준으로 한반도 전체인구 2,492만 명의 36.8%에 해당하는 918만 명이 북한지역에 거주하고 있어 상대적으로 남한보다 인구와 토지가 적었다.

그러나 공업부문에서 북한의 초기조건은 남한보다 상대적으로 우위에 있었다. 북한 지역에 일본 식민지 시대의 산업시설이

구분	북한	남한
경제체제	사회주의 경제체제	시장 경제체제
소유형태	국가·공적재산제도	사유재산제도
기업형태	국가기업	사적기업
산업구조	공업기반 유리	농업중심
경제정책	•국방공업에 선차적 역량 집중 •선 중공업, 후 소비재공업 육성 •중소 경제원조 및 대내경제구조	•경제안정 바탕 위에 성장추진 •선 소비재산업, 후 중화학공업육성 •대외지향적 대외경제구조

[표1] 초기 경제체제의 남북한 비교.

편중되어 있었기 때문에 이를 바탕으로 경제성장을 추진할 수 있었다. 또 지하자원의 종류와 매장량이 많고 수력자원 등이 풍부하여 남한보다 공업발달에 유리한 조건이었다.[1] 여기에 사회주의 경제체제를 구축하면서 이후 북한은 중공업중심 경제로 더욱 심화된다.[2]

사회주의 경제체제는 생산수단의 사회주의적 소유를 추구한다. 북한도 사회주의적 소유를 확립하기 위하여 1946년 3월에 무상몰수·무상분배에 의한 토지개혁, 1946년 7월에 주요 산업의 국유화, 1947년에 농업부문의 국영화, 1953년에는 농업부문의 집단화 및 개인상공업 사회주의화 추진, 1958년에는 '물적 토대의 사회주의적 개조완성'을 단계적으로 시행하였다.

단계별 경제계획

북한은 1947년 제1차 1개년 계획부터 1987년 제3차 7개년 계획에 이르기까지 총 4단계, 총 9차례에 걸친 경제개발계획을 실시했다.

제1단계는 '사회주의 도입기'이다. 토지개혁과 '주요 산업의 국유화법령'을 발표한 1946년부터 '제1차 1개년 계획', '제2차 1 개년 계획' 및 '2개년 계획'을 마친 1950년까지가 해당한다. 제 2단계는 '전후 복구시기'로 1954년부터 1956년까지 진행된 '3 개년 계획'의 시기이다. 제3단계는 '사회주의 생산기반 발전기' 로 '6개년 계획'에 해당하는 1957년부터 1976년까지의 시기이 며 1977년은 기존 성과에 대한 완충 및 조정기에 해당한다. 제 4단계는 사회주의 경제의 정체 및 심화기에 해당하며 1978년 부터 현재까지이다.

제1단계 시기에는 단기간의 경제성장을 위해 소련군의 약탈 로 약화된 일본 식민지 건설의 산업 시설을 정비 및 복구하여 활용하고자 하였다. 특히 이 시기에 북한은 식량문제를 최우선 과제로 하여 정보당 곡물생산량이 남한보다 앞섰고 공업생산 율도 증가하여 낙후된 남한경제에 비해 상대적인 우위에 있다 는 평가를 받았다.[3]

제2단계는 전후복구시기로 한국전쟁으로 파괴된 생산시설 을 전쟁 이전 수준으로 회복하는 것을 목표로 하였다. 이 시기 의 기본정책은 국방력 제고를 위한 중공업의 우선 발전과 경공 업, 농업을 동시에 발전시키는 전략이었다. 또한 한국전쟁 이전 에 완료한 토지개혁의 여건을 기반으로 하여 농업협동화도 추 진하였다.

제3단계 기간에 북한은 사회주의 공업화를 완료하고 생산기 반을 구축을 목표하였다. '제1차 5개년 경제계획' 동안 북한은 '천리마 운동'과 같은 대중적 생산·건설 촉진운동을 전개하였

	구분	주요목표	주요내용	비고
1단계	**제1차 1개년 계획 (1947)**	• 국민소득 : – • 공업총생산 : 1946년 비 200% • 곡물생산량 : 1946년 비 30만 톤 증산	• 생산의 급속한 증대와 생활개선 • 국영상공업 확대 • 기업소의 복구 조업	
	제2차 1개년 계획 (1948년)	• 국민소득 : – • 공업총생산 : 1947년 비 41.0% • 곡물생산량 : 1946년 비 13.5% 증산	• 공업의 편파성 극복 • 생산품질의 질 제고 및 원가절하	
	2개년 계획 (1949~1950년)	• 국민소득 : – • 국영산업총생산 : 1948년 비 194% • 곡물생산량 : 1946년 비 158% 증산	• 낙후된 산업 및 농업의 발전 • 경제복구 토대 조성	
2단계	**전후복구 3개년 계획 (1954~1956년)**		• 전쟁 전 수준으로 복구	

[표2] 북한 경제계획 기간별 주요 내용과 계획목표.

다. '제1차 7개년 계획' 및 '연장 3개년 계획기'에는 북한 고유의
경제관리체계를 채택하여 농업분야에서의 청산리방법, 공업분
야에서의 대안의 사업체계 등을 도입했다. 하지만 중소 분쟁의
여파로 대외원조가 축소 및 삭감되어 계획수행에 차질을 가져
왔다. 중소분쟁은 경제뿐 아니라 정치에도 영향을 미쳐 '주체사
상'이 공식화되기 시작하였다.[4)]

　제4단계는 '제2차 7개년 계획' 이후 현재까지의 북한 경제
이다. 사회주의 경제의 체제적 한계로 인한 누적된 경제침체에
1990년대 이후 극심한 식량난은 더욱 북한 경제를 형해화(形骸
化) 하였다. 북한은 '제3차 7개년 계획'의 부진에 대한 대응으로
서 제6기 제21차 당전원회의 결정에 따라 1994부터 1996년까
지를 완충기로 설정하였다. 북한은 기본적 목표와 별도로 '사회
주의 건설 10대 전망목표' '4대 자연개조사업'[5)] 등 별도의 목표

	구분	주요목표	주요내용	비고
3단계	제1차 5개년 계획 (1957~1960년)	•국민소득 : 1953년 비 75% 증가 •공업총생산 : 2.6배 •곡물생산량 : 1946년 비 119% 증산	•계획경제체제 강화 •중공업 우선 및 경공업·농업의 동시발전	1년 단축
	제1차 7개년 계획 (1961~1970년)	•국민소득 : 2.7배 •공업총생산 : 3.2배 •곡물생산량 : 600~700만 톤	•중공업발전 •경공업과 농업의 동시발전 •전국적 기술혁신 •문화혁명과 국민생활의 향상 •경제 및 국방건설 병진정책	70년 까지 연장
	6개년 계획 (1971~1976년)	•국민소득 : 1.8배 •공업총생산 : 2.2배 •곡물생산량 : 700~750만 톤	•국방·경제 병진 •사회주의 물질·기술적 토대 견고화 •산업설비 근대화 •기술혁명 촉진 •힘든 노동에서 노동자들 해방	조기 완료
	완충/조정기		•6개년계획 미달부문 보완	
4단계	제2차 7개년 계획 (1978~1984년)	•국민소득 : 1.9배 •공업총생산 : 2.2배 •곡물생산량 : 1,000만 톤 •80년대 10대 전망목표와 4대 자연 개조사업 촉진	•인민경제 주체화, 현대화, 과학화 •생산원가 인하 •절약운동 강화 •수송의 근대화 •주민생활 향상 •독립채산제 강화 •대외무역 증대	
	완충/조정기		•2차 7개년계획 미달부문 보완 •차기계획 기초 조정	
	제3차 7개년 계획 (1987~1993년)	•국민소득 : 1.7배 •공업총생산 : 1.9배 •곡물생산량 : 1,500만 톤	•인민경제의 주체화, 현대화, 과학화 •기술혁신 •대외무역 및 경제협력 증대	

[표2] 북한 경제계획 기간별 주요 내용과 계획목표.

를 제시하여 성장을 독려했으나 소기의 성과를 거두지 못했다. 더욱이 이 시기에 평양을 중심으로 '주체사상탑, 개선문, 인민 대학습당, 조선혁명박물관' 등 비생산적인 기념비적인 대형건조 물을 건축하면서 경제적 부담은 더욱 가중되었다.

1990년대 중반 식량난 이후 북한은 어려운 경제를 개선하고자 기술혁신을 추진하고 무역과 대외경제 협력의 확대, 발전을 강조하였다. 2000년대 들어서는 남북교류가 활성화되면서 경제 성장률이 플러스로 전환되기도 했다.[6]

　　하지만 북한이 경제 개방보다는 핵개발을 지속하면서 북한 경제는 다시 침체되고 있다. 북한은 이를 타개하기 위하여 나진 선봉 지구를 중심으로 중국과 러시아와의 협력을 강화하고 지만 북한 경제의 대중국 의존도는 더욱 심화되고 있다.

금융제도와 화폐개혁

사회주의 체제의 경제는 이데올로기에 따라 형성된 권력구조 하에 중앙집중적 계획통제, 수직적 위계구조 등의 특성을 가지고 있다. 북한 경제 역시 사회주의 체제의 특성이 나타나고 있다.[7] 이러한 사회주의체제의 경제 특성을 바탕으로 북한 금융제도와 화폐문제를 접근해야 한다.

북한의 금융제도

북한의 금융은 사회주의 금융제도로써 국가은행을 중심으로 금융행위가 이루어지며 사적인 자금거래는 금지된다.[8] 국가계획에 따라 금융 자금이 유통되고 이를 실현하는데 있어서

방해되는 것은 허용하지 않는다. 따라서 사회주의체제국가의 금융부문은 그 역할이 제한적이다. 경제계획에 따라 생산, 투자, 소비 등의 경제활동이 수행되고 실물거래에 중점을 두고 있어 금융의 주체적인 역할은 부정되고 실물의 유통을 위한 보조적인 역할에 한정된다.

북한이 단행한 주요 금융정책과 화폐정책을 보면 정치적 환경 변화에 따른 영향이 크게 나타난다. 체제성립기에는 전면적인 사회주의적 경제체제로 이행하기 위한 선차적인 구조변화가 이루어졌으며 1980년대 이후에는 사회주의권과 북한의 대외관계 변화에 따른 개방정책을 금융제도에 반영하였다.

북한금융제도의 특성을 시기적으로 구분하면, 우선 1950년대에는 사회주의 금융기반을 구축하기 위해 은행체계를 정비하였다. 1954년에 시작된 은행의 국유화 정책에 따라 1946년 북조선농민은행과 북조선중앙은행을 설립하였다. '유일적 자금공급체계'에 따른 것으로 기관 및 기업소들의 경영활동에 소요되는 자금은 국가예산에서 중앙은행을 통해 공급하도록 하였다. 사적부문간 상업신용은 폐지하였고 1947년과 1959년에 시행된 화폐개혁을 통해 인플레이션 억제와 화폐의 정상적인 유통을 추구하였다. 대내 금융부문과 대외 부문으로 이원화하여 대외결제업무를 전담하는 무역은행은 1959년에 설립하였다.

1960년대는 기존 은행 구조를 단일은행체계로 전환하였다. 국립건설자금은행은 중앙은행으로 흡수, 통합하면서 중앙은행

구분		주요 금융 정책	화폐개혁
제도수립기	1950년대	• 은행의 국유화 단행 • 무역은행 설립 • 국립건설자금은행 설립 • 사적부문간 상업신용 폐지	• 제1차 화폐개혁 • 제2차 화폐개혁
	1960년대	• 국립건설자금은행의 중앙은행으로의 통합 • 산업은행 설립	
	1970년대	• 조선중앙은행 산업은행 통합 • 무역은행 서방권 차관 도입 • 대성은행 설립 • 금성은행 설립	• 제3차 화폐개혁
대외개방기	1980년대 ~ 1990년대 중반	• 조선합영은행 설립 • ING동북아은행 설립 • 페레그린–대성은행 설립 • 화려은행 설립	• 제4차 화폐개혁
	1990년대 후반 이후	• 조선중앙은행 전산망 구축 • 조선무역은행 외화정기예금 취급 • 화려은행 투자산탁업무 도입 • 동북아은행 IC카드 서비스 개시 • 인민생활공채 발행 • 고액권 신규발행 • 중앙은행법 채택 • 상업은행법 채택	• 제5차 화폐개혁

[표3] 북한 금융정책의 변화.

은 이후 투자자금 및 운전자금을 비롯한 국가자금 공급업무를 전담하게 하였다. 단, 1964년에 산업은행을 설립하면서 중앙은행이 담당하던 저금, 대부, 보험 및 신용업무와 협동농장에 대한 재정적 통제는 산업은행으로 옮겨졌다.

1970년대에는 무역은행의 서방권 차관 도입이 추진되면서 외자도입에 따른 금융제도의 변화를 가져왔다. 1976년에 산업은행이 조선중앙은행으로 통합한 반면 1978년에 대성은행과 금성은행을 설립하였다.

1980년대 들어서는 1970년대 말 추진된 외자도입이 본격화되면서 이를 위한 제도들이 도입되었다. 1984년 제정된 '합영법'의 목적에 따라 외국자본과 기술도입을 위해 합영금융기관들이 설립되었다.

특히 2000년대 들어서 확대된 개방정책에 따라 금융업무의 다각화가 추진되었다. 2001년부터 조선중앙은행의 전산망 구축이 시작되었고, 2003년에는 투자활성화 및 편의 조성을 위한 인민생활공채가 발행과 고액권이 신규 발행되었다. 조선무역은행은 2005년 외화정기예금을 도입하면서 대외투자 기관의 편의성을 지원하였다.

2001년 단행된 7·1경제관리개선조치는 북한 경제제도 및 금융제도의 일대 획기적인 변화를 가져왔으나 극심한 인플레이션과 정치 및 사회적 부작용도 나타나 2005년경에 중단되었다. 환율제도 등 왜곡된 금융제도를 개혁하고자 하였지만 내부정치권력 변동과 기득권 세력의 위기 때문인 것으로 평가된다.[9] 최근에는 중국과 러시아와의 경제 관계가 심화되면서 경제협력 발전에 따른 상호 금융관계 발전도 주목받고 있다.

전후 경제개발 정책이 국방공업을 중심으로 개편된 것과 같이 금융제도 역시 '경제·국방 병진노선'에 따라 국방관련 자금을 형성하고 신속하게 조달할 수 있는 특수자금처가 신설되는 등 정책 변화가 나타나고 있다. 따라서 최근의 북한 금융제도

변화는 대외개방 정책을 보다 확대하고자 하는 북한 당국의 의도가 반영되었음을 확인할 수 있다.

사회주의권 붕괴 이후 악화된 재정상황의 부담을 경감하고자 통제기능을 줄여나가는 동시에 시장경제부문의 확산과 종합 시장으로 확대 개편되는 등 기업 간 원자재 거래를 위한 시장을 개설하고 경제전반에 걸쳐 다양한 변화를 추진하였다. 북한이 2009년에 제5차 화폐개혁을 단행한 것으로 보아 지금도 이러한 추세가 지속되고 있는 것으로 판단된다.[10]

북한화폐의 특징과 화폐개혁

북한 화폐는 이원화되어 유통되는데, 기관·기업소의 무현금유통과 가계의 현금유통으로 엄격히 분리한다. 무현금유통은 기관·기업소 사이의 화폐거래에서 발생하는 것이고 현금유통은 주민들 간의 거래, 주민과 기관·기업소의 화폐거래에서 발생하는 것이다.

북한의 모든 금융 거래는 중앙의 계획에 따라 집행되기 때문에 최대한 현금유통 영역을 축소하고 기관·기업소의 현금유출은 계획 범위 내로 엄격히 제한된다. 또한 대내 유통을 위한 일반화폐와 외화를 환전한 태환권으로 구분되어 있다.

북한은 체제수립 이후 총 5차례의 화폐개혁을 추진했다. 제1차 화폐개혁은 1947년에 기존 통용화폐를 조선중앙은행권으로 교체하기 위한 목적이었다. 제2차 개혁은 1959년에 전쟁 이후

13

구분	발행처	종류
대내용 (일반화폐)	중앙은행	1전, 5전, 10전, 50전, 1원, 5원, 10원, 50원, 100원, 200원, 500원, 1,000원, 2,000원, 5,000원
외화와 바꾼 돈 (외화태환권)	무역은행	1전, 5전, 10전, 50전, 1원, 5원, 10원, 50원

[표4] 〈북한 화폐의 종류〉.

인플레이션 방지와 투자재원 확보를 위한 목적에서 시도되었다. 제3차 개혁은 유휴화폐 유통을 위하여, 제4차 개혁은 공식부문의 취약화로 비공식 부분이 증가하면서 형성된 가격 차이를 완화하고자 하는 목적에서 추진되었다. 제5차 화폐개혁도 앞선 제3차 및 제4차의 구조적 문제를 극복하기 위한 목적에서 추진된 것으로 판단된다. 그러나 2009년 11월에 시행한 17년 만의 화폐개혁은 실패하였고, 2010년 해당 정책의 실패에 대한 책임으로 박남기 당 계획재정부장이 총살 또는 처벌된 것으로 전해진다. 또한 김영일 내각총리는 혼란에 대한 책임으로 공개적인 사과를 했다. 북한당국이 사적영역에 잠식된 자본을 회수하려고 시도하였지만 실패한 것이다.

제5차 화폐개혁은 구권에서 신권으로의 교환비율과 범위를 두었다는 특징이 있다. 주민들의 교환 한도는 10만 원이며 '100 대 1'의 교환비율이 적용된다. 그 이상은 '1000 대 1' 비율이 적용된다. 또 화폐를 현금으로 교환하면 '100 대 1'의 비율이 적용되지만 은행에 저금할 경우는 '10 대 1'로 교환되는 정책으로 저

구분	제1차	제2차	제3차	제4차	제5차
교환비율	1:1	1:1	1:1	1:1	100:1
교환기간	1947. 12. 6~12	1959. 2. 13~17	1979. 4. 7~12	1992. 7. 15~20	2009. 11. 30~12.6
교환기간	-	-	-	가구당 399원	1인당 5만원 가구당 20만원

[표5] 북한의 화폐개혁 과정.
자료 : 조봉연, "북한 화폐개혁의 파장과 남북경협에의 영향," (기은경제연구소, 2009), 재구성.

금을 장려했다. 자금축적을 통해 중앙정부 주도의 경제정책을 추진하려는 의도로 평가된다.

또한 사적부분의 경제 영역을 축소 하고자는 목적도 있었기에 결과적으로 시장 거래를 통해 재산을 증식한 매대 상인들과 중간 계층에게 큰 타격을 주었다.

앞서 언급된 것과 같이 최근 북한 경제는 사적부분이 증대되면서 실질적인 경제관리 역할이 정부영역에서 사적영역으로 상당 부분 이전되고 있다. 이에 따라 사적영역이 활성화되면서 증대된 통화가 다시 은행으로 돌아오지 않고 시장에 잠재되면서 극심한 인플레이션이 발생하고 있다. 즉 통화과잉으로 화폐의 지불과 수입에 있어서 불일치가 나타난 것이다. 따라서 북한의 화폐개혁은 정체된 환류체계를 정상화하고 당국의 자본독점이 붕괴되면서 이완된 정치사상적 통제를 강화하기 위한 것으로 평가된다.[11]

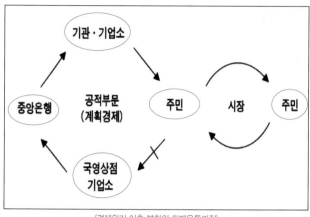

〈경제위기 이후 북한의 화폐유통과정〉

자료 : 양문수, "북한의 화폐개혁 : 실태와 평가," 『통일문제연구』, (2010).

7·1조치 이후 쌀의 국정가격은 시장가격과 비슷한 kg당 44원 수준이었으나 화폐개혁 직전에는 2,000원 정도로 폭등하였다. 이러한 물가 상승에 적응하지 못한 주민들은 직장을 떠나 시장에 종사하는 경우가 많아지면서 일탈은 정치체제의 잠재적 위협요인으로 작용되었다.[12] 북한 당국으로서는 경제적 원인 해결과 함께 정치적 목적에서 주민통제를 강화할 필요성이 있었을 것이다.

북한 당국이 의도했던 화폐개혁의 성과가 어느 정도인지 계측하는 것은 어렵지만 표면적으로 나타난 현상을 보면 상당한 부작용이 나타난 것으로 예측된다.

재정확충 등 소기의 목적을 달성했을지는 몰라도 이로 인한 부작용으로 식량수급의 불균형은 주민생활에 심각한 영향을 주었다. 또 주민들의 현금 보유 수준이 낮아지고 농민들의 쌀 시장공급이 지연되면서 경제적 조건이 취약한 계층일수록 더 큰 피해가 나타났다.[13]

북한 당국은 경제적 어려움을 타개하기 위하여 시장의 통제 이완과 강화를 반복하고 있다. 근본적인 원인을 해결하기보다는 현상에 대한 통제와 체제 존립을 위한 정책을 구현하려는 것이 우선이기 때문이다. 코르나이는 사회주의체제의 경제구조의 문제를 지적하면서 부족과 인플레이션의 원인을 경제참여자, 경제의 낙후성, 경제정책의 오류 등을 설명하였다.[14] 북한 경제에서도 코르나이가 언급하였던 사회주의체제의 구조적 한계에서 나타나는 문제가 나타나고 있다.

북한 화폐개혁의 성공과 실패는 경제문제 해결의 방법을 정치체제 구조에 귀결하게 되는 북한 체제의 구조적 한계를 보여주는 한 단면이다.

에너지

북한의 경제난과 에너지난은 상호 분리될 수 없는 중요한 문제이다. 특히 경제난으로 인한 에너지 공급부족은 다시 에너지 부족으로 인한 생산 하락을 가져오고, 이는 곧 경제력 축소로 이어지게 되는 악순환의 고리로 이어졌다.

또 북한이 에너지 부족에 대한 해결수단으로 평화적 핵에너지의 이용을 주장함으로써 북한의 에너지 문제는 정치, 경제, 안보 문제와도 연관이 되면서 내·외부적 요인이 복합적으로 작용하고 있다.

에너지 부족 중 가장 심각한 부분은 전력문제이며 남북한 회담에서 전력지원 문제가 논의되기도 하였다. 북한에도 모든 아파트에 전기가 공급된다. 하지만 전기공급량은 항상 부

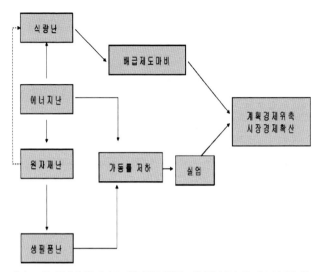

* 자료 : 방기열, 『남북한 에너지·자원사업의 효율적 교역방안 연구』(서울: 에너지경제연구원, 2003), 배성인, "북한의 에너지난 극복을 위한 남북 협력 가능성 모색–신재생에너지를 중심으로–", p. 63. 재인용.

족하며 그나마 공급되는 경우도 전압공급이 매우 불안정하여 220V 전압선에 상당히 못 미치는 165V~180V 사이에서 변화가 심하다. 따라서 100W전구에서 50W수준의 광량이 나타난다.

일반 주민의 경우, 단지 1개의 전구만 사용할 수 있으며 지역별 순환정전이나 불규칙한 정전도 일상적이다.[15] 이러한 북한의 에너지 부족은 상당부분 자력갱생 원칙의 구조적 문제에 기인한다.

북한의 에너지 정책과 현황

북한은 자력갱생의 원칙에 따른 에너지 정책을 추구한다. 이는 국내부존 자원을 최대한 사용하는 정책으로 북한의 부존자원을 고려해 보면 석탄 중심의 에너지 수급 구조로 형성되어 있으며 그 이외에는 수력 발전으로 석탄과 석유의 부족분을 공급한다. 앞서 살펴본 경제 현황들과 같이 북한의 에너지 문제는 정치구조의 영향이 큰 것을 알 수 있다. 자력갱생을 중시하는 기본원칙으로 인해 에너지 공급이 지나치게 일부분에 의존하고 있다.[16)]

북한은 자력갱생의 원칙 아래 에너지 자원의 확보와 공급을 추진하면서 에너지원의 구조가 단순·편중되어 있다. 2009년을 기준으로 1차 에너지 소비구조를 보면 북한은 석탄소비 중

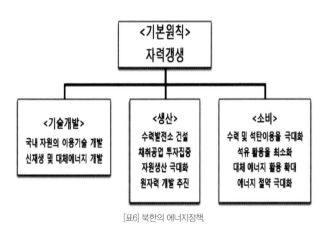

[표6] 북한의 에너지정책.

심의 구조를 갖고 있다. 발전설비용량을 보면 북한은 수력과 화력으로 양분되어 있으며 발전량의 비중을 보면 발전설비용량의 비율처럼 수력과 화력으로 양분되어 있다.[17] 따라서 북한의 에너지 공급은 외부의 원유 공급과 강수량 변화에 민감하게 반응하고 대체 공급원이 부재한 취약한 구조를 갖고 있다.

북한의 원유수입은 1990년대 초반부터 감소되기 시작하여 1990년대 중반 이후 급격히 감소되었고 1990년대 말 어느 정도 회복한 후 2000년대에 들어 정체되었다. 발전량을 보면 1인당 국민총소득(GNI, Gross National Income) 수준과 비교할 때 비슷한 추세를 보여주고 있는 것으로 판단된다.

따라서 북한의 발전량 증감은 경제수준에 영향을 받고 있는 것으로 추정된다. 원유공급 감소의 대외적 원인은 냉전종식 이후 구상무역 방식이 시장가격 중심의 경화결제방식으로 변경되면서 1993년 이후 러시아와 이란으로부터 원유 수입이 중단되었고, 중국의 대북 우호가격체제 붕괴에 따른 수입 감소에 있다. 원유수입이 상당부분 감소하였음에도 발전량 감소에 영향이 비교적 적은 것은 북한 당국이 부족한 원유를 발전부분에 우선 공급하고 운송 수단에 공급하는 원유를 비교적 더 많이 축소한 것으로 추정된다. 통계를 보더라도 그러한 판단이 가능하다. 김경술의 연구를 보면 북한의 석유 소비구조를 분석한 결과 석유의 전력 소비비중은 1990년 32%에서 2000년에는 55.5%까지 증가하였고 수송부분의 소비는 동기간 동안 4.5%에서 3%로 감소하였다.[18]

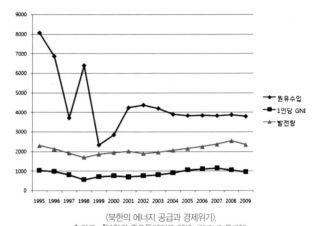

〈북한의 에너지 공급과 경제위기〉.
* 자료: 「북한의 주요통계지표 2010」 (2010. 12. 통계청)
단위(원유, 천배럴), (GNI, 달러), (발전량, 천만kWh)

북한의 에너지 개발 전망

북한의 에너지 정책은 심각한 에너지 부족 현상에도 불구하고 자립형 에너지 정책에 변함이 없다. 「노동신문」 보도 '첨단과학기술의 발전은 경제강국건설의 추동력'에 따르면 '오늘 우리나라에서는 당의 현명한 령도 밑에 첨단과학기술에 기초하여 인민경제의 주체성과 자립성을 강화하기 위한 투쟁이 힘있게 벌어져 커다란 성과들이 이룩되고 있다. 21세기의 요구에 맞는 새 에네르기분야들이 개척되고 우리의 원료, 동력에 의거한 주체적인 생산체계들이 확립되고 있다.'[19] 라고 강조했다.

주민생활 안정을 위해서는 소비품 생산이 중요하다. 그러나 부족한 에너지 공급으로 인해 생산성이 낮은 것으로 알려져 있다. 북한 당국은 기술혁신을 통해 에너지를 절약하고 궁극적으로 생산성 향상을 강조한다. '절약의 큰 몫을 기술혁신에서'라는 보도에서 강서신발공장의 예를 통해서 절약과 기술혁신이라는 진부한 주장을 하였다.[20]

하지만 최근 들어 변화의 모습도 나타나고 있다. 북한은 자립형 에너지 자원 확보의 수단으로 중소형발전소 건설과 함께 수력발전소 건설에 집중하며 메탄가스 및 풍력·태양열·조력 등 대체에너지 활용을 추구하고 있다. 해주시를 비롯한 황해북도 일대에 풍력발전소 건설이 추진되었다.[21]

북한도 세계적인 신재생 에너지 개발추세를 인식하고 있는 것으로 판단된다. 특히 김정일의 교시를 언급하면서 에너지의 효율적 사용과 절약 그리고 새로운 에너지 개발을 강조하였다.[22]

「노동신문」 보도 '세계적인 핵 및 재생에네르기 개발리용추세'를 보면 세계적으로 핵 및 재생에너지 수요가 날로 높아질 것으로 전망하고, 화석 에너지 사용에 의한 경제성장이 온실효과 가스배출의 증대를 가져오며 자원이 점차 고갈될 것으로 전망했다. 또한 "앞으로 세계경제발전추세에 맞게 핵 및 재생에네르기개발을 따라 세우려는 노력이 더욱 적극화되고, 그것이 해당 나라들의 경제발전을 추동하게 될 것이라는 것은 의심할 바 없다."라고 하면서 핵과 재생에너지 활용에 관심을 보였다.[23]

북한은 '새 기술소식'이라는 「노동신문」 보도를 통해 태양광을 이용한 전기 생산과 관련된 외장재를 개발했다고 홍보하면

23

서 관련 기술에 대한 주민들의 이해를 제고하고자 하였으며[24)
에너지절약형 건물과 설비의 현대화를 통해 전반적인 노력을
하고 있는 것으로 판단된다.[25)

북한의 핵개발과 에너지

북한은 핵에너지의 평화적 이용을 주장하지만 핵무기 개
발에 따른 국제적 우려로 쉽게 용인되지 못하고 있다. 북한은
1985년에 원자력 발전소 건설을 지원받기로 소련과 합의했으
나 소련의 몰락과 북한의 음성적인 핵무기 개발이 진행되면서
국제적인 안보 문제로 악화되었다.[26)

김일성은 1994년 4월 16일에 「워싱턴 타임스(The Washington
Times)」와의 인터뷰에서 "핵문제의 일괄타결안이 성사되어 경수
로납입이 실현되면 우리의 핵활동의 평화적 성격에 대하여 누
구도 의심할 수 없게 될 것입니다."라고 하면서 북한의 핵개발
은 핵무기 개발이 아닌 에너지 사용을 위한 평화적 목적이라고
주장했다.[27)

베를린 합의를 통해 북한은 핵시설을 동결하고 경수로 완공
시 핵시설을 해체하며 미국은 2003년까지 1,000KWe급 경수
로 2기를 제공하며 연간 중유 50만 톤을 공급하기로 합의하였
다. 2005년의 9·19공동성명에서도 북한에게 '핵에너지의 평화
적 이용에 관한 권리'가 있음을 표명하였고 관련국들은 경수로
제공문제에 대해 논의하는 데 동의하였다.

이후 구성된 2·13합의와 10·3합의에서도 그러한 견지를 유지하였다. 하지만 북한이 실시한 두 차례의 핵실험은 이러한 6자회담 관련국들의 기대에 어긋나는 일탈이었다.

북한의 에너지 문제 해결에 있어서 핵에너지의 평화적 이용은 분명 큰 도움이 될 것이다. 그러한 이해를 바탕으로 한반도 에너지 개발기구(KEDO, Korean Peninsula Energy Development Organization)가 발족하였고 관련국들의 노력이 있었다. 하지만 핵무기 개발에 대한 북한의 집착이 계속된다면 평화적 목적의 에너지 확보는 어려울 것이다.

정보기술과 첨단산업

전개과정

북한은 1947년 이래 제1차 2개년계획을 비롯하여 총 9차에 걸친 단기 및 중장기 계획을 통해 경제개발을 적극 추진해 왔다.

1960~1970년대까지는 '중공업 우선정책'에 따라 자본과 노동력을 집중적으로 투입하여 성장을 이룩하였으나, 1980년대 들어서는 자립경제 건설노선과 산업시설의 노후화 및 선진기술의 부족 등 사회주의체제의 한계로 인한 경제침체가 본격적으로 표면에 대두되었다. 동시에 내부의 인적·물적 자원을 동원하지 못하면서 경제성장의 둔화는 장기적인 경기침체 국면으

로 전환된다.

김정일 국방위원장은 경기 침체로 인한 주민들의 생필품 부족문제를 해결하기 위해 경공업이나 산업 시설 정비, 경제 운영의 정상화, 첨단 정보통신 분야의 집중 육성을 통한 경제발전을 모색하였다. 경공업 등 현재의 상황에서 먼저 풀어야 할 과제들을 해결하려는 동시에 북한경제 여건으로는 몇 단계 뛰어넘어야 가능한 첨단산업인 정보통신 분야의 발전이라는 전략을 선택한 것이다.[28]

사상, 총대와 함께 과학기술의 위력으로 강성대국을 건설하려는 당의 의지[29]에 따라 북한의 정보통신은 경제발전의 방법으로 등장하였다.

북한이 정보통신을 선택한 것은 사회주의 강국인 중국과 러시아의 경험을 참고한 것으로 판단된다. 중국의 모델은 점진적인 발전 모델이기에 많은 시간과 비용을 필요로 한다. 러시아는 사회주의를 포기하고 자본주의를 도입 및 시행하는 과정에서 혼란과 시행착오를 겪고 있다.

시간이 많지 않고 시행착오를 담보할 경제적 여유도 지니고 있지도 않은 북한은 역설적으로 경제발전의 중요한 동력으로 인식되고 있는 정보통신을 통해 강성대국 대열에 합류하고자 하는 것이다.

북한이 선택한 정보통신이 경제발전의 동력으로써 작용하기 위해서는 최소한 두 가지 전제가 필요하다. 첫째, 비록 사회 전반적으로 경제난을 겪고 있지만 정보통신 선택을 뒷받침할 만

한 최소한의 여력, 즉 경제적·기술적·사회적 기반이 준비되어야 한다. 둘째, 정책 추진이 실패했을 경우 감당해야 할 대가를 감안한 추진 여건이 조성되어 있어야 한다. 21세기가 시작된 지금 정치·경제·사회·문화적으로 새로운 변화가 필요하므로 정보통신 산업은 시대의 흐름에 맞는 산업이다. 과거 3대 혁명소조운동으로 북한에 새로운 바람을 불러일으켰듯이 김정일 국방위원장은 정보통신을 통해 '제2의 3대 혁명소조운동'을 전개하려고 하고 있다.[30]

이렇듯 북한이 정보통신을 통한 경제변화를 추진할 수 있는 것은 1990년 이후 9년 연속 마이너스 성장에서 1999년 6.2%의 국내총생산(GDP, Gross Domestic Product)성장률[31]을 기록하며 플러스 성장의 길에 들어섬에 따라 경제회생의 최소한의 토대를 확보하였기 때문이다. 2000년 1.3%의 GDP성장률[32] 및 2001년 3.7%, 2002년 1.2%, 2003년 1.8% 및 2004년 2.2%의 GDP성장률[33]을 달성하면서 일단 최악의 경제위기 상황을 넘긴 것으로 보인다.

기본적인 경제여건의 회복으로 북한은 정보통신 산업을 추진할 수 있는 최소한의 경제적 기반을 마련하였다. 김정일 국방위원장은 자재 및 에너지가 부족한 가운데 경제를 회생시키는 최선의 대안으로 정보통신 산업을 선택한 것으로 보인다.

원자재와 에너지의 소비가 많지 않은 정보통신 산업을 통해 산업 생산성을 높이고 각종 소프트웨어 개발 등으로 부가가치를 창출하려는 전략이다. 물적 자원이 고갈된 상태에서 인적 자원을 기반으로 한 사업을 통해 경제발전을 이룩하려는 것이다.

북한의 사회주의 강성대국은 정보통신 산업의 위력으로 건설된다고 선전할 정도로 총력을 기울이고 있다. 사상적 기반이 확고하고 군사적 역량은 갖추었으나 경제적으로 강성한 국가를 이루지 못하고 있는 현실을 타개하는 방안을 정보통신에서 찾는 것이다. 북한은 사회제도의 우월성과 생명력을 과시하고 교육과 보건제도의 우월성을 발휘하기 위해 정보통신을 중점적으로 개발시켜야 한다며 정보통신의 발전여부를 민족의 장래와 관련된 중차대한 문제로 보고 있다.[34]

북한의 정보통신의 흐름

통신기계 분야는 북한의 전자공업 가운데 상대적으로 일찍 발달한 분야이다. 이 분야는 군사적 목적과 결합되어 1950년대부터 초보적이기는 하지만 독자적인 산업의 형태를 갖추기 시작하였다.

그러나 1970년대 이후 선진기술의 도입이 거의 이루어지지 못함으로써 현재에는 크게 낙후되어 있다. 1980년대 접어들어 대외무력의 중요성이 강조되면서부터 국내·국제 통신시설 확장 및 현대화를 추진하기 시작하였다. 특히 1989년 평양 세계청년학생축전 준비 및 1991년 나진·선봉 경제특구 설치 등을 계기로 대내외 통신시설 확장 및 현대화를 적극 추진하고 있다.

북한은 통신 산업이 낙후되어 있다는 점을 인식하고 자체적인 통신 산업 개발계획을 세워놓고 있다. 즉 시외회선의 경우 디지털방식의 통신망을 구축하는 한편 국제통신은 현존의 위성통신과 마이크로파 회선의 증설하고 있다. 이와 함께 중앙에서부터 도, 시, 군, 리에 이르는 전자 자동화계획을 1단계(전체 100만 회선), 2단계(300만 회선)로 나누어 추진하고 있다.

텔렉스시설은 1980년대부터 일본 및 서독 등지에서 텔레타이프를 도입하여 주로 지방의 관공서와 주요 기업소, 무역상사 등 무역관련 기관 등에 설치하여 이용토록 해왔다. 전신기기 생산은 모스전신기를 자체 생산하고 기타 인쇄전신기와 사진전송기 설비는 수입에 의존하고 있다.

1974년에 텔레타이프 생산설비(연산 300대)와 사진전송기(연산 10대)의 수입을 위해 일본과 교섭한 바 있으나 실현되지 못하

공장명	생산 품목
남포통신기계공장 (3월 14일 공장)	북한 최대의 통신기계공장, 라디오, 텔레비전, 전축전화기, 무선기, 레이더, 유선방송설비
선천영예군인통신기계공장	교환기, 호출신호장치, 전화기, 교환대
안주통신기계공장	전자식 자동교환기, 중파송신기, SBS 송신기, TV 중단기 등 각종 방송 설비 및 유무선 통신기계, 부속품 생산
평양통신기계공장	반송전화기, 전화기, 특정기, 자동교환기 등 유선 통신기계 주로 생산
5월7일영예군인통신기계공장	함경북도 길주군 소재, 교환기, 전화기 생산
개성통신기계부속품공장	표시등, 스위치, 교환대 전구, 휴즈, 피뢰기 등 통신기계 부속품 생산

[표7] 북한 통신기계공장 현황.

였다. 주요 통신기계공장으로는 '남포통신기계공장', '평양통신기계공장', '안주통신기계공장' 등이 있고, 이 외에 중소 규모의 통신기계공장 등이 있다.

한편 북한은 유엔개발계획(UNDP)의 지원으로 1992년 4월에 평양광섬유케이블 공장을 완공하였다. 이로써 통신망의 광섬유 케이블화를 연차적으로 추진할 수 있는 토대가 마련되어 1995년 1월 27일에 300Km에 이르는 평양~함흥 간 광섬유 케이블 설치 공사가 완공되기에 이르렀고, 이후 계속하여 함흥~청진~나진~훈춘 간 530Km 구간의 광섬유 케이블 설치 공사를 추진한 바 있다.

북한은 정보 통신 분야 중에서 역점을 두어야 할 분야로 과도한 비용이 들지 않고 인간의 두뇌와 창조력만 있으면 훌륭한 제품을 생산해 낼 수 있는 소프트웨어 분야를 선택했다. 소프트웨어는 북한도 선진국 기술 수준을 보유하고 있어 소프트웨어 제품을 해외에 수출까지 하고 있다.

소프트웨어는 기본적으로 수학적 연산을 활용하여 만드는 만큼 수학적 지식이 필요하다. 북한에서 수학적 연산은 사회주의 과학교육의 기본으로 강조되고 있어 기초가 튼튼하다. 일부 자본주의 시장에 대한 상업적 환경을 이해하지 못하여 상품성이 적합하지 못한 경우가 있긴 하지만 창조적인 제품을 개발하려는 노력은 계속되고 있다. 특히 3차원 영상기술, 음성 및 지문인식, 암호화, 애니메이션 부문에서는 세계적인 수준에 근접하고 있다.

북한은 소프트웨어 기술을 위한 국제협력을 위해서도 여러 가지 노력을 하고 있다. 1993년, 1994년, 1998년 세 차례나 국제연합대학 부설 국제소프트웨어 기술연구소(UNU/IIST) 소장을 초청하여 소프트웨어 기술에 대한 단기 강좌를 개최하였으며 마카오에 있는 UNU/IIST에도 유능한 과학자를 연수 보내기도 한 바 있다.

이에 1993년 10월 UNU/IIST와 북한의 국가과학기술위원회 사이의 양해각서에는 공동으로 소프트웨어 기술 연구소를 설치하고 그 안에 도서실, 워크스테이션, 컴퓨터 보조 소프트웨어공학(CASE) 도구, 여러 가지 PC 및 기타 주변기기 등을 비치해 북한의 타 연구소나 대학들의 연구원이 수시로 와서 활용할 수 있게 한다는 것이다.

북한이 개발한 소프트웨어를 살펴보면 거의 모든 제품들이 IBM PC 호환기, 일본 NEC의 PC 9800계열 혹은 매킨토시용으로 개발되었다는 것과 국내 수요뿐 아니라 해외 수출에도 역점을 두었다는 것이다. 그리고 게임을 통해 어린이의 두뇌를 개발시키는 에듀테인먼트(edutainment) 프로그램도 많이 개발하고 있는 것으로 나타났다. 북한은 개발되는 소프트웨어의 해외수출을 위해 조선과학원과 조선컴퓨터 산하에 무역회사를 두며 대외수출 노력을 보이고 있다.

이러한 북한의 IT 제품에는 김일성·김정일 부자에 대한 우상화 작업이 반영되고 있어 첨단산업에도 주체사상이 내포되어 있다. 일례로 단축키 'Ctrl + I'는 김일성 주석을, 'Ctrl + J'

는 김정일 국방위원장을, 'Ctrl + K'는 김정일 국방위원장의 생모 김정숙을 나타내며 이 단축키를 누르면 이들의 이름이 크고 진하게 나온다. 또한 각종 산업용 프로그램의 초기화면에도 '당이 결심하면 우리는 한다', '생산도 학습도 주체의 요구대로' 등 체제선전과 생산증대를 독려하는 글귀가 나타난다.

북한은 인터넷의 특징인 쌍방향성과 공개성 때문에 서버 연결을 하지 않고 있다. 인터넷이 자본주의의 물결을 전달하여 사회주의를 붕괴시킬 수 있다고 보기 때문이다. 정부가 정책적으로 국내의 인터넷 확산을 통제하여 개인이 자유롭게 외부세계와 인터넷을 연결하지 못하게 하는 것이다.

북한의 인터넷망이 외부적으로는 거의 폐쇄되어 있지만 내부에서는 통신망이 구축되어 전자우편을 사용하고 주요 기관의 홈페이지에도 접속이 가능한 것으로 알려졌다. 몇몇 대학은 자체적으로 구내정보통신망(LAN)이 설치되어 있기도 하다. 그러나 접속 서비스 제공자(ISP)가 없어 인터넷 접속은 불가능하다. 중앙과학기술통보사가 주관하는 컴퓨터망 정보서비스는 과학기술자료 검색, 전자우편, 파일전송, 전자소식 및 7개 국어 과학기술용어사전 열람서비스를 제공하고 있으며 이 컴퓨터망에는 김일성종합대학, 인민대학습당, 발명총국 등 여러 기관이 연결되어 있다고 한다.

유엔기구나 외국 대사관등에서 이메일을 사용하기 위해 인터넷에 접속할 경우 국제전화를 사용한다. 그러나 접속 속도가 9.6k 미만으로 느리다. 북한에서 국제전화 사용료는 1분에 6달러인데 접속 상태가 나빠 여러 번 시도하기 때문에 60달러 내외가 드는 게 보통이라는 방북자들의 증언이다.

한편 내각의 외무성, 무역성, 대남기관인 조선로동당, 통일전선부 소속 범태평양 조선민족경제개발촉진협회(범태), 조국평화통일위원회, 국방위원회 산하 국가안전보위부, 인민무력부 정찰국, 연구기관인 조선과학원, 조선콤퓨터쎈터 등에 소속된 특수업무 종사자나 전문가들만이 인터넷을 이용할 수 있다.

하지만 비싼 이용료 때문에 이용 빈도는 낮은 것으로 분석된다. 훈넷㈜ 등에서 외국인 및 특수계층을 상대로 평양에 PC방을 개설한바 있으나 비싼 이용료 때문에 활성화되지 못하였다.

2000년 12월 북한의 조선콤퓨터쎈터를 다녀온 연변과학기술 시찰단의 전언에 의하면 평양에서 각 도까지 데이터통신 전용회선의 설치를 완료했다고 전했다. 속도나 망 구성 등에 대한 내용은 상세하게 알려지지 않고 있다. 이에 비해 다른 분야와 마찬가지로 정보화에서도 북한군은 사회의 일반적 수준보다 훨씬 앞서 있다. 모든 사단, 여단 단위까지 컴퓨터로 연결돼 있는 반면 노동당과 국가보위부, 사회안전부 등은 최근에 컴퓨터 연결을 추진하고 있다고 한다.

현재 북한의 인터넷 사이트는 '조선중앙통신', '우리민족끼리', '구국전선', '백두산' 등이며, 서버 소재지는 중국, 일본, 미국에 두고 있다. 이중 '조선중앙통신'은 「노동신문」, 김정일 노작, 공식문건 및 자료, 남북관계 기사, 헌법, 자사 기사 등을 게재하고 있다.

정책방향

북한이 정보통신 산업을 강조하기 시작한 것은 1998년부터이다. 김정일 국방위원장은 1998년 2월 8일 전국 프로그램 경연 및 전시회를 시찰했다. 이때 김정일 국방위원장은 '우리식 콤퓨터공업 발전과 프로그람 개발'을 촉진하라고 지시했다. 그 이후로 북한 정보통신 기술이 개발되기 시작했다.

김정일 국방위원장은 1999년 1월 11일 신년 첫 현지지도로 조선과학원을 방문하였다. 조선과학원 현지지도를 계기로 1999년 1월 16일 「노동신문」은 '과학중시 사상을 구현하여 강성대국의 앞길을 열어 나가자'라는 사설을 발표해 과학중시 정책을 사상 수준으로 격상시켰다. 2000년 4월 2일에는 인민군 산하 지휘자동화 대학을 방문하여 프로그램 개발과 자동화대학 역할의 중요성을 강조하였다.

김정일 국방위원장은 2000년 5월 30일 중국 방문 시 중국의 실리콘밸리라고 불리는 베이징(北京) 중관촌(中關村)에서 컴퓨터 제조업체인 렌산(聯想)집단을 방문하였다. 그리고 2001년 1월 중국 상하이(上海)를 방문하여 "세계가 놀란 시각으로 바라보고 있는 중국 상해는 천지개벽했다."라는 말까지 하였다.

특히 상하이 푸둥(浦東)지구 내에서 중·미 합작기업인 제너럴모터스(GM)공장, 중·일 합작기업 상하이 화홍 NEC 전자회사를 방문했으며, 장강(張江) 하이테크 단지 내 상하이 푸동 소프트웨어 개발 연구소, 인간 게놈 남방 연구센터 등을 방문하여 첨단 정보연구 단지를 살펴보았다.

1983년 8년 만에 상하이를 방문한 김 위원장은 장강(張江) 하이테크 단지 내 상하이 푸동 소프트웨어 개발 연구소, 인간 유전체 남방 연구센터 등을 방문하여 첨단 정보연구 단지를 살펴보았다. 물론 김 위원장이 상하이 방문 중에 정보통신 분야에만 관심을 보인 것은 아니고 상하이 증권거래소를 두 차례나 방문하는 등 금융문제에도 초점을 맞추었다. 이는 경제개발에 소요되는 자본을 어떻게 조달할 것인가와 관련이 있다고 볼 수 있다.

중국 방문 후 「노동신문」은 김정일 국방위원장의 발언을 실은 정보통신 관련 기사를 게재하기 시작했다. 최근 북한은 20세기는 기계제 산업의 시대였고 21세기는 정보산업의 시대로 보고 '기계제 산업의 시대에는 물질적 부를 창조하는 데서 주로 육체노동에 의거했다면, 정보산업의 시대에는 고도의 지능노동에 의거하게 된다.'[35] 며 정보산업의 중요성을 강조하고 있다. 김정일 국방위원장의 통치방식을 '주체의 과학정치'라고 선전하고 있다.[36]

김정일 국방위원장은 1990년 이후 컴퓨터 분야를 집중 육성하는 정책을 추진하고 직접 현지지도하며 첨단 산업개발을 통한 경제부흥 의지를 표출했다. 북한은 "남이 한 걸음 걸을 때 열 걸음 백 걸음으로 달려 과학기술 발전에 혁명적 전환을 이룩하는 바로 여기에 우리 조국과 민족의 부흥과 우리식 사회주의의 전도가 달려있다."[37]라고 강조하며 정보통신기술을 '단번도약'의 기회를 삼으려 한다. 단번도약을 이루기 위해 "선진과학기술을 받아들이기 위한 사업을 적극적으로 벌여야 하겠습니다."[38]라고 말하며 선진 과학기술을 받아들이는 데 주저하지 않는다. 과학중시, 과학선행은 김정일 국방위원장의 확고부동한 의지이고 결심인 것이다.[39]

이와 같이 북한이 정보화에 힘쓰는 이유는 정보화를 통한 기술발전을 인민경제에 전파해 경제난을 극복하려는 노력의 일환이다. "나라의 과학기술을 세계적 수준에 올려 세우자면 발전된 과학기술을 받아들이는 것과 함께 새로운 과학기술 분야를 개척하고 그 성과를 인민경제에 적극 받아들여야 합니다."[40] "정보산업을 빨리 발전시키고 인민경제의 모든 부문을 정보화하여야 합니다."[41]라고 하는 김정일 국방위원장의 말에서 보다 많은 과학기술 정보를 받아들여 인민경제 발전에 기여하기를 기대함을 알 수 있다. 이에 따라 인민경제 각 부문에서 진행하는 생산 공정의 기술 향상을 위한 컴퓨터 지식과 해당 전공 분야의 새로운 컴퓨터 기술 보급의 필요성에 대해서도 강조하고 있다. 김정일 국방위원장은 "근로자들 속에서 정보산업에 대한 기술 학습을 잘 조직하여 많은 사람들이 정보기술 설비를 다룰 수 있도록 해야 합니다."[42]라고 말하며 공장이나 기업소의 근로자들이 정보통신과 관련한 지식을 빨리 배워야 한다고 역설하고 있다. 또한 북한은 강성대국 건설을 위해 '정보산업의 요새를 점령해야 한다.'라고 강조하고 있다.[43]

북한 첨단산업의 평가

사회주의 국가의 구조적 문제점

북한은 김정일 위원장의 적극적인 관심으로 소프트웨어 산업이 비약적으로 발전하고 있으나 여전히 근본적인 한계가 남아 있다. 이는 사회주의 국가에서 소프트웨어 산업이 발전되기 어려운 구조적 문제점과 연관되어 있다.

새로운 프로그램을 개발할 경우 물질적 혜택이 개인에게 귀속되는 자본주의 체제와 달리 사회주의 체제에서는 물질적인 보상이 개인에게 돌아가지 않는다.

예를 들어 구소련의 경우 유명한 '테트리스(Tetris)'라는 게임을 만든 프로그래머는 금전적으로 아무런 보상을 받은 것이 없다. 테트리스를 만든 계기도 연구소에서 시간을 소비하기 위해 만든 것이라는 그의 발언처럼 전혀 물질적 동기에서 이루어진 것이 아니다.

만약 서방세계에서라면 그는 지적재산권 대가로 갑부가 되었을 것이다. 또한 AK 소총을 발명한 소련의 병사는 여전히 초로의 노인으로 가난하게 살고 있고, 반대로 M-16 소총을 만든 미국인은 백만장자로 세계여행을 다니면서 여생을 편안하게 즐기고 있다.

이렇듯 인센티브가 부족한 사회주의경제에서 개인의 창의력을 발휘하는 데는 한계가 있다. 소프트웨어 산업은 개인의 창의력과 인센티브를 기본으로 하고 있다. 과연 두 가지 요소가 결여된 북한이 향후 어떤 전략으로 소프트웨어 산업을 발전시킬지 주목된다.

북한 전기통신의 하드웨어(Hardware) 부족

북한은 정보통신 인프라가 절대적으로 부족하다. 북한은 정보통신 인프라를 구축할 만한 제반여건이 갖춰져 있지 않았을 뿐만 아니라 정보통신 인프라 구축에 필요한 집약적 기술과 인력이 부족하다.

그동안 북한은 정보통신을 군사 분야, 혹은 통제와 선전수단으로 이용했기 때문에 정보통신이 갖는 순기능적인 측면을 잘 활용하지 못하고 있다. 현재 북한이 추진 중인 통신망 현대화 사업은 아직 연계설비들이 도입되지 않아 통신회선 확장, 고속 데이터전송, 화상전송 등의 광통신 효과를 당장 기대하기는 어려운 실정이다. 특히 북한의 통신망은 평양을 중심으로 하는 성형구조로 되어 있어 네트워크상 문제점이 있다. 시외교환국 간에 직접 연결되어 있는 것이 아니라 평양에 모였다가 분산되는 구조이므로 부족한 전송능력에 불필요한 하중을 가하는 폐단이 있다. 이는 정보를 중앙에서 통제하기 위해 고안된 것으로 향후 북한 통신 발전의 장애요인이 될 것이다.

북한의 최근 변화

북한에서 이동통신 사업은 관심사업이다. 주요 구축지역은 평양, 남포 등 주요 핵심도시와 평양~향산, 평양~개성 및 원산

~함흥 등 도시 간 주요 도로에 우선적으로 구축되고 있다. 나진·선봉지역에서 태국의 록슬리그룹과 북한 대외건설총회사의 합작회사인 동북아전신전화회사(NEAT&T)가 이동전화 500회선, 무선호출 1,500회선 용량을 설치한 바 있다.

북한이 이동통신에 열을 올리는 이유 중 하나는 현재 인구 100명당 5회선의 시내전화 보급률을 높이기 위해 광케이블을 설치하기보다는 이동전화를 개통하는 것이 경제적이라고 판단했기 때문이다. 특히 무선시대를 수용하려는 것은 체제유지를 위한 보안상의 문제점들에 대한 대비책 마련에 상당한 자신감을 가졌기 때문이라는 분석도 있다.

한편 북한은 2003년 4월 국제 이동통신업무를 시험 개통하였다. 국제이동통신업무는 북한 국내 고정 전화망과 연결되지 않아 국제전화만 송·수신할 수 있고 국내전화는 송·수신할 수 없는 실정이다. 북한은 2002년 4월부터 평양과 남포 등지에 거주하는 중국과 러시아 주민을 상대로 한 국내이동통신업무를 개통하였다.

이어 북한은 2003년 4월 주로 북한 외국인과 외자회사, 외국합자합동경영회사, 북한의 수출입 회사 직원들을 대상으로 하는 국제이동통신업무를 시작했다. 새로 개통한 국제 이동통신업무는 북한 국내 고정 전화망과 연결되지 않아 국제 전화만 송·수신할 수 있고 국내 전화는 송·수신할 수 없다고 한다.

북한은 2004년 5월 하순 휴대전화 사용을 금지하였다. 정확한 이유는 밝혀지지 않았으나 용천역 폭발사고가 김정일 위원장을 노린 사고였고 그때 휴대전화가 기폭장치로 사용됐기 때문이라는 외신들의 추측이 나왔기 때문이다.

휴대전화 사용은 신의주 지역의 경우 중국 단동과 통화가 이루어지는 등 북한내부의 사정이 외부로 유출되는 경로가 되고, 2004년 북미관계가 악화되는 시점과 맞물리면서 북한의 보수세력 입장에서는 이를 제지시켜야 할 필요성을 절감하였다. 북한당국은 휴대전화가 가져올 시민파워와 통신확산을 우려하였다. 일종의 개혁과정에서 흔히 발생하는 전진(forward)과 후퇴(backward)의 순환 중에서 일시적 후퇴 현상이다. 일종의 개혁 역풍이라고 볼 수 있다.

하지만 얼마가지 못해 북한은 2008년 12월에 휴대전화 사용 금지 조치를 풀면서, 이집트의 오라스콤사와의 합작으로 이동통신 서비스를 제공하고 있다. 이집트의 오라스콤사와 북한이 합작 설립한 고려링크가 하고 있으며 가입자는 약 100만명 정도이다. 불과 몇 년 전 휴대전화를 소지하고 있었다는 사실만으로도 정치범 수용소에 끌려가고 심지어 처형까지 당했었다는 점에 비춰보면 놀라운 일이다.

북한 내에 별도의 이동통신 회사는 없기 때문에 단말기 판매와 통신 서비스는 체신성이 관리한다. 투자는 외국 회사가, 관리·운영은 북한 정부에서 하는 것이다. 북한에서 휴대폰에 가입하려면 복잡한 절차가 필요하며 신청자가 많아서 공무원에게 뇌물을 주는 등 다양한 불법이 자행되고 있는 실정이다.

휴대전화 단말기는 체신성 산하의 전신전화국이나 우편국

에서 구입할 수 있다. 단말기는 외국에서 부품을 들여와 평양에서 조립하는 경우가 많다고 한다. 사용요금도 전신전화국이나 우편국에 납부하는데, 선불로 최소한 북한 돈 5,000원 이상을 납입한 뒤 필요할 때마다 충전하여 쓴다.

정해진 납입시기가 있는 것이 아니라, 충전된 금액이 통화할 때 바로 빠져나가는 방식이다. 요금은 1분에 1달러(북한 돈 3500원 정도) 정도이다. 59초 이하도 1분으로 간주하는데, 예를 들어 3분 1초 동안 통화를 하면 4분 동안 통화한 것으로 되어 4달러를 지불해야 한다.

단말기와 가입비는 180유로로 이는 북한 돈으로는 82만 원이 넘는다. 사용 요금은 1분에 1달러로 1달에 100분만 통화한다고 해도 북한 돈으로 35만 원이 넘는다. 북한의 많은 노동자들이 월급으로 2,000원 정도를 받는 현실을 생각하면 일반 주민들로서는 도저히 휴대전화를 사용할 엄두도 내지 못하게 하는 금액이다. 그래서 휴대전화는 극소수의 부유층들만이 사용하고 있다. 이러한 이유로 아직까지 대부분의 사람들은 편지로 소식을 전하는 경우가 많다.

따라서 꼭 전화를 써야 할 경우가 아니면 전보를 많이 친다. 국제전화는 반드시 평양을 거쳐야 하며, 중국·일본·싱가포르 등 일부 국가에 한해 가능한 것으로 전해지고 있다. 따라서 미국 같은 경우 연결이 절대불가한 실정이다.

농업

전개과정

　"우리는 알곡뿐만 아니라 여러 가지 농산물과 부산물을 많이 생산함으로써 우리의 농촌경리를 인민 경제와 주민들의 수요를 충족시킬 수 있는 발전된 사회주의적 경리로 만들게 될 것입니다."[44] ,'농민들은 인민군대와 로동자, 사무원들의 식량을 보장하기 위해 올해 봄밭갈이를 제때에 하며 영농사업에 모든 힘을 집중하여야 하겠습니다. 전체 농민들은 '식량을 위한 투쟁은 조국을 위한 투쟁이다.' 라는 구호를 높이 들고 식량 절약과 증산 투쟁에 총궐기하여야 하겠습니다."[45] "농촌경리는 사회주의 경제건설에서 매우 중요한 자리를 차지합니다. 농사가 잘되어야 먹을 것이 넉넉하게 되고 나라의 모든 살림살이가 잘 펴나갈 수 있습니다."[46]

위의 인용문들은 1950~1960년대 김일성이 협동농장에 대한 현지지도를 통해 강조한 지시사항들이다. 사회주의 경제건설에서 농촌경리가 차지하는 위치와 그 발전이 가지는 의의를 명확하게 선언하고 있다. 농촌경리를 빨리 발전시켜야만 주민에게 필요한 식량수요를 충족시킬 수 있다고 본 것이다.

즉 북한은 농업이 전체 경제건설에서 차지하는 중요성을 역설하고 정권 차원에서 식량 생산이 차질이 없도록 혼신을 다할 것이라며 농민들도 적극적으로 정부 정책에 동참할 것을 역설하고 있다.

북한농업은 1946년 토지개혁과 1958년 농업협동화를 통해서 일대 전환을 가졌다. 토지개혁은 북한사회주의의 사회경제적 토대를 형성한 기본이다. 현재 북한의 농업생산은 협동농장과 국영농장에서 집단화된 생산조직을 통해 90% 이상이 생산되고 있다.

협동농장은 리(里)단위이며, 기본 생산조직으로 전국에 3,000여 개가 있으며 북한 전체 경지면적의 90%인 180만 ha, 농업생산의 80%를 담당하고 있다.

반면에 국영농장은 지역단위에 제한되지 않은 생산단위로 육묘와 축산 등 국가 소요 농축산물의 생산을 담당하고 있다. 결국 협동농장은 텃밭이나 뙈기밭 등을 제외하고는 사실상 북한농업을 책임지고 있는 생산단위들이다. 따라서 이들 협동과 국영농장 운영체계를 정확하게 이해하지 않고서 북한 농업생산을 이해하는 것은 불가능하다.

북한은 1946년 토지개혁(land reform) 및 1953~1958년 간의 집단 농장화(collectivization) 등을 통해 남한보다 빠른 속도로 일제 식민지 지배에 있었던 농업분야의 비효율성을 극복하면서 농업생산량을 증가시켰다.

특히 1948년에는 식량의 자급기반이 마련되었다. 1946년의 199.8만 톤, 1947년의 217.8만 톤에 머물던 곡물 총생산량은 1948년, 1949년도에는 각각 280.9만 톤과 279.5만 톤으로 증가하였고, 1960~1970년대 역시 북한의 식량생산은 비교적 꾸준한 증가세를 유지하였으나 1980년대 말 이후 계획경제의 비효율성 심화 등으로 정체 및 하락하기 시작하였다.

농업 현황

북한의 농경지 면적은 전체 국토면적 1205만 4,000ha의 15%인 205만 ha이며 이중 경작가능 면적은 170만 ha이다. 이는 자연재해로 농지가 훼손되기 직전인 1994년 기준으로 농민 1인당 평균 경지면적은 0.085ha였다. 같은 사회주의 국가들이었던 불가리아(0.17ha), 헝가리(0.68ha) 및 폴란드(0.63ha) 보다도 더 적다.

농업생산의 가장 중요한 투입 요소 중의 하나인 비료의 정상적인 공급은 북한 농업이 당면한 가장 시급한 문제 중의 하나

이며, 북한은 정권 수립 후 '농업의 화학화'를 위해 적극적인 비료 증산정책을 추진하였다.

일제 식민지 시대에 건설되었던 흥남 비료공장 등으로 1980년대 중반에 최대 연간 350만 톤의 생산능력을 갖추게 되었다. 1990년대 들어 외화 부족으로 원유 도입이 제대로 이루어지지 못하고 일제 강점기시대 건설된 노후화된 공장들을 보수하지 못했기 때문에 비료 생산은 감소했다.

1996년 기준으로 북한의 생산량은 96만 톤으로 추정되어 설비 가동률이 27% 수준에 불과했고, 수요량은 최소한 150만 톤 수준으로 부족량은 50~60만 톤으로 추정된다. 후에 언급할 농기계와 마찬가지로 비료의 정상 공급은 농업의 문제라기보다는 일반 산업의 문제이기 때문에 전체적인 경제 회복과 연계되어 있다. 따라서 농업생산의 회복 가능성을 논하는 데 있어 비농업적 문제라고 볼 수 있다.

북한은 '농업 기계화 정책'을 통해 1960년대에 농기계 보급을 확대하는 등 상당한 성과를 거두기는 하였으나 현재는 농기계 공장의 가동률 저하로 정상적인 기계화 영농을 추진하지는 못하고 있는 실정이다. 농업 기계화 정책에서는 두 가지 문제점이 심각하게 제기되고 있다.

첫째, 부품 공급과 연료 부족으로 기계화 영농이 제대로 이루어지지 않고 있다. 둘째, 일반 수송 수단이 부족함에 따라 트랙터 등 농기계가 곡물 및 자재를 운송하는 경운기 역할을 하고 있어 본래의 기계화 영농 작업이 이뤄지지 못하고 있다.

북한의 농업 노동력이 점차 고령화되고 있으므로 장기적으로 파종기, 이앙기 및 농약 분무기 등 여러 분야에 있어 기계화가 필요한 실정이다. 또한 비닐, 못자리용 대죽 및 농업용 파이프 등도 적절한 공급이 이루어져야 농업 생산이 정상화 될 것이다.

　또한 북한에서는 종자 공급체계가 붕괴되면서 정상적인 종자 공급이 이루어지지 않고 있다. 특히 1995~1998년 간의 극심한 식량난을 겪으면서 종자가 충분히 확보되지 않아 공급체계가 붕괴되었다. 종자 지원체계를 새롭게 구축하기 위한 방안 마련이 시급한 실정이다.

　게다가 북한은 기후적으로도 농업에 불리한 조건을 가지고 있다. 북한의 봄철 강수량 통계를 알아보면 관개시설의 확충이 가장 시급한 해결이 필요한 문제 중의 하나라는 것을 인식할 수 있다. 평균적으로 3월~5월 석 달간 강수량은 청진이 평년 대비 52%(49.2mm), 함흥 23%(30.2mm), 남포 7%(9.2mm), 평양 16%(24mm) 및 개성이 10%(20.2mm)에 불과하다.

　남한에 비해 유량이 풍부하고 유속이 빠른 북한이 매년 가뭄 피해를 경험하고 있는 것은 물 관리가 효율적으로 이루어지지 않고 있기 때문이다. 물 관리를 제대로 하기 위해서는 수로의 준설과 함께 양수장 및 댐 등의 시설을 교체해야 하고 봄철 가뭄 및 여름철 홍수를 막기 위하여 관정개발 및 수로, 둑 보수 등 종합 대책이 마련되어야 한다.

북한 농업의 구조와 특성

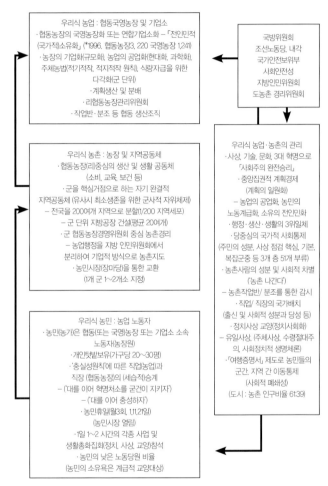

우리식 농업 : 협동국영농장 및 기업소
· 협동농장의 국영농장화 또는 연합기업소화 – 「전인민적
(국가적)소유화」 (*1996, 협동농장3, 220 국영농장 1,241)
· 농장의 기업화(규모화), 농업의 공업화(현대화, 과학화),
주체농법(적기적작, 적지적작 원칙), 식량자급을 위한
다각화(군 단위)
· 계획생산 및 분배
· 리협동농장관리위원회
· 작업반·분조 등 협동 생산조직

국방위원회
조선노동당, 내각
국가안전보위부
사회안전성
지방인민위원회
도농촌 경리위원회

우리식 농촌 : 농장 및 지역공동체
· 협동농장(리)중심의 생산 및 생활 공동체
(소비, 교육, 보건 등)
· 군을 핵심거점으로 하는 자기 완결적
지역공동체 (유사시 최소생존을 위한 군사적 자위체제)
– 전국을 2000여개 지역으로 분할(1/200 지역세포)
– 군 단위 지방공장 건설(평균 200여개)
· 군 협동농장경영위원회 중심 농촌경리
– 농업행정을 지방 인민위원회에서
분리하여 기업적 방식으로 관리
· 농민시장(장마당)을 통한 교환
(1개 군 1~2개소 지정)

우리식 농업·농촌의 관리
· 사상, 기술, 문화, 3대 혁명으로
「사회주의 완전승리」
· 중앙집권적 계획경제
(계획의 일원화)
– 농업의 공업화, 농민의
노동계급화, 소유의 전인민화
· 행정·생산·생활의 3위일체
· 당중심의 국가적 사회통제
(주민의 성분, 사상 점검 핵심, 기본,
복잡군중 등 3개 층 51개 부류)
· 농촌사람의 성분 및 사회적 차별
('농촌 나간다')
– 농촌작업반/ 분조를 통한 감시
· 직업/ 직장의 국가배치
(출신 및 사회적 성분과 당성 등)
· 정치사상 교양(정치사회화)
– 유일사상, (주체사상, 수령절대주
의, 사회정치적 생명체론)
· 「여행증명서」제도로 농민들의
군간, 지역 간 이동통제
(사회적 폐쇄성)
(도시 : 농촌 인구비율 61:39)

우리식 농민 : 농업 노동자
· 농민(농가)은 협동(또는 국영)농장 또는 기업소 소속
노동자(농장원)
· 개인텃밭보유(가구당 20~30평)
· '충성실원칙'에 따른 직업(농업)과
직장 (협동농장)의 (세습적승계)
– ('대를 이어 혁명처소를 굳건히 지키자')
– ('대를 이어 충성하자')
· 농민휴일(월3회, 1,11,21일)
(농민시장 열림)
· 1일 1~2 시간의 각종 사업 및
생활총화집회(정치, 사상, 교양참석)
· 농민의 낮은 노동당원 비율
(농민의 소유욕은 계급적 교양대상)

[표8] 북한 통신기계공장 현황.

연도	공장명	농업정책		비고
		기본과제	주요시책	
1945 ~ 1949	제1단계: 인민민주주의 개혁기	1. 봉건적 토지소유 관계청산 2. 농업생산을 봉건적 생산관계에서 해방	·토지개혁에 관한 법령(*1946.3) ·임야관리경영결정서(1946.6) ·지하자원·산림·수역국유화령 (1947.12) ·토지행정에 관하여(1950.1)	반제, 반봉건적 민주주의 혁명 단계
1950 ~ 1953	제2단계: 동란기	1. 전시 노력동원 2. 전시 식량공급	·농민시장 개설에 관한 결정서(1950.10) ·농민들에 대한 노력동원 제한에 대하여(1952.4)	전시동원 체제
1954 ~ 1959	제3단계: 사회주의 혁명기	1. 농촌에서 자본주의 요소청산 2. 농업의 협동화 사적 생산관계 해소	·농업협동경리의 강화, 발전대책에 관하여(1954.3) ·농업협동조합기준규약(잠정) 초안(1958.11) ·100만 정보 관개면적 확장령 (1958.10)	사회주의 경제체제 완성
1960 ~ 1970	제4단계: 사회주의 제도 건설기	1. 농촌의 3대(기술,문화,사상)혁명 과업 확산 2. 농업에 대한 공업의 지원제 (도시 및 노동 계급) 3. 협동소유를 점차 전인민적 소유제로 접근	·농업협동조합들에서 천리마 작업반 운동을 조직, 전개할 데 대하여(1961.3) ·농촌경리의 과학화를 촉진시킬 데 대하여(1961.12) ·농업근로자동맹규약(1965.3)	우리나라 사회주의 농촌문제에 관한 테제 (1964.3) 발표
1971 ~ 1976	제5단계: 사회주의 제도 안정기	1. 농업의 수리화, 기계화, 화학화 2. 힘든 농업노동에서 해방	·전답의 수리화와 농장의 전기화 완성 발표(1974) ·자연개조 5대 방침 결정(1976.10) ·1976년의 알곡수확량 800만 톤 달성 목표	6개년 계획기간
1977 ~ 1986	제6단계: 주체경제 확립기	1. 곡물증산을 위한 장기적 자연 개조사업 (4대자연개조사업) 2. 농업의 공업화와 현대화 3. 농업생산의 과학화와 집약화	·기간 중 목표(1984년) − 알곡 1000만 톤 생산 − 밭관개 완성 − 15만 정보 다락 밭 건설 − 100정보당 10대 트랙터 공급 − 논밭 정보당 2톤의 화학비료 시비 − 80내지는 90만 톤의 고기생산 − 150만 톤의 과일 생산	제2차 7개년 계획기간

[표9] 북한 통신기계공장 현황.

연도	공장명	농업정책		비고
		기본과제	주요시책	
1987 ~ 1993	제7단계: 사회주의 제도완전 승리기	1. 10대 전망목표 실현 2. 농촌의 기술혁명강화	·기간 중 목표(1993) – 알곡 1,500만 톤 생산 – 수산물 1,100만 톤 생산 – 150만 정보 조림사업 – 30만 정보 간척지 개간 – 20만 정보 새 땅 찾기	제3차 7개년 계획기간
1994 ~ 1996	제8단계: 사회주의 제도 보완기	1. 농업생산기반 확충 2. 농촌생활수준향상 3. 농업생산조직의 개편	– 농업부문에 대한 투자 증가(6%) – 기계화 수준향상 – 토지정리·농지개발사업 추진 – 농촌의 상품공급체계 개선 – 공업제품과 농산물의 수매가격 조정 – 협동농장을 국영농장으로 개편 – 독립채산제확대실시 – 국영기업의 분배방식도입	완충기

[표9] 북한 통신기계공장 현황.

북한 농업의 과제

모든 선진국은 농업 분야에서 상당한 경쟁력을 가지고 있다. 농업 경쟁력이 없으면 어느 국가도 선진국이 되기 어렵다고 할 정도로 농업은 단순한 토지와 노동력을 사용하는 저개발 산업이 아닌 종합산업(general industry)이다. 농업 생산에 투입되는 물자 등은 대부분 일반경제의 가동 수준과 밀접한 관계가 있다.

북한의 농업 생산 정상화를 위해서는 북한 정권 내부적으로 각종 제도를 개선하는 비농업적 문제와 일부 농자재의 보다 많은 투입을 통해 단위 면적당 생산성을 높이는 농업 투입 요소 증가 과제가 있다. 반면 비료 공장의 개·보수나 원유의 도입, 농업자재의 증산 같은 과제는 일반경제의 회복과 직결되어 있다.

농업적 과제

농업적 과제는 협의의 농업정책 추진을 통해 북한의 농업구조를 개선하는 것이 1차 목표이다. 예를 들어 생산 분야의 구조 조정을 통한 농업 생산성을 증대시키는 일이다. 북한의 곡물 생산부진을 해결하기 위해서는 곡물생산의 90%를 담당하는 주 생산단위인 협동농장의 운영상 변화를 논하지 않을 수 없다.

현실적으로 '북한의 농정당국이 협동농장의 영농구조를 완전히 개편할 가능성이 과연 있을까?'라는 질문에 대한 답은 일단 북한의 현 정세로 판단해 볼 때 회의적이다. 협동농장의 전면적인 개편은 북한경제의 기본 토대를 해체하는 충격요법에 해당 할 것이다.

사회주의 정권은 소련, 베트남, 중국 및 동구사회주의 국가에서 보았듯이 농업의 협동화를 국가의 기본 생산체제로 간주된다. 따라서 사회주의 농업을 포기하고 개별 가족농 체제로 전환하는 근본개혁을 추진하지 않는 한 협동농장에 대한 전면적인 변화는 시도하기 어려운 실정이다.

북한 농업의 근간을 흔드는 협동농장에 대한 전면적인 개혁은 현 북한 통치체제 하에서는 단기간에 바꾸기는 어렵다. 협동농장 체제를 전면 개편하기 위해서는 2009년에 개정한 북한헌법을 바꿔야 하나 이는 노동당의 규약을 개정하는 것만큼 어려운 일이다. 1978년 중국의 개혁 당시 등소평과 같은 최고 지도자의 과감한 조치가 필수적이다.

현재의 북한 통치체제의 특성상 중국농업개혁과 같은 개인 농 시스템 도입은 시기상조이다. 오히려 국영농장 설립을 강화하고 있는 추세로 협동농장의 해체논의는 북한 통치체제를 정확히 이해하지 못한 결과이다. 그렇다면 농장해체 등 전면개혁보다는 운영체제를 개선하는 등 부분개편을 모색하여야 한다.

비료 및 농약 등 기초 농자재 산업의 노후 시설 교체 및 시설 확충이 시급하게 이루어져야 한다. 북한의 식량작물 재배에 필요한 화학비료 소요량은 성분량 기준 60만 톤 정도로 추정된다. 벼, 옥수수 및 감자의 육종 및 병해충 방제 기술 등도 발전시켜야 하며 벼 이모작 및 감자와 옥수수의 재배 기술도 보완해야 한다. 육종 지원 중에서는 인공 씨감자가 가장 시급하다. 장기적으로 인공 씨감자 생산 플랜트 및 기술을 지원하거나 북한 현지 합작공장 설립을 검토하여야 한다.

주요 곡창지대의 관개체계를 개선할 경우 가뭄과 홍수 등 자연재해로 인한 피해를 최소화할 수 있고 알맞은 때에 물 공급으로 농업생산성을 증대시킬 수 있다. 관개체계 확충과 함께 산림복구도 동시에 추진되어야 한다. 산림복구를 통하여 홍수 조절 능력이 회복되지 않을 경우 관개시설 확충의 효과가 반감될 것이다.

비농업적 과제

현재 북한경제가 지난 1980년대 수준으로 회복되는 데 소요되는 자금은 50~100억 불 규모로 추정되고 있다. 이중 각종 농자재 산업 전체를 포함하여 농업 분야는 20억 불 이상이 필요한 것으로 추정되고 있다. 지난 1980년대 식량 생산 규모인 500만 톤 선으로 회복하는 데 최소 10~15여 년이 소요될 것으로 전망된다. 붕괴된 농업기반을 회복하는 데 한국의 경험으로 볼 때 10년 단위의 중장기 계획이 필요하다.

대안의 사업체계

  '대안의 사업체계'는 북한의 대표적인 경제관리방법으로, 최근(2011년 12월 15일)대안 중기계연합기업소에서 '대안의 사업체계 창조 50돌 기념 중앙보고회'가 열렸다. 여기서 북한은 "대안의 사업체계는 사회주의 경제발전의 합법칙적 요구를 정확히 반영한 사회주의 경제관리 형태의 원형으로서 사회주의 건설의 전 역사적 기간 동안 인민경제 모든 부문에 철저히 구현해 나가야 할 혁명적 기치"라고 언급하였다.[47] 이렇게 대안의 사업체계는 북한에 최초 도입된 후 50년이 지난 지금에도 주요한 경제관리방법으로 여겨지고 있다.

대안의 사업체계란

'대안의 사업체계'란 김일성의 1961년 12월 평남 대안전기공장을 방문을 계기로, 공장의 최고지도기관으로서 공장당위원회의 집체적 지도체계 확립, 계획·생산·기술을 통일적 종합적으로 지도하는 생산 지도체계 강화, 기타 후방공급체계개선 등을 제시함으로써 시작된 집단주의 정신의 공업부문 관리 형태이다.

이 대안의 사업체계를 이해하기 위해서는 우선 북한의 경제관리의 기본적 지침이라 할 수 있는 청산리정신과 청산리방법에 관한 이해가 필요하다. 청산리정신·청산리방법은 1960년 2월 김일성이 평안남도 강서군 청산리에 대한 현지지도를 실시한 데서 비롯된 것인데, 북한은 이를 "주체사상과 혁명적 군중노선에 기초한 조선로동당의 전통적인 사업방법과 대중지도원칙을 전면적으로 집대성하고 전일적으로 체계화한 과학적이고 공상주의적인 대중지도 사상이며 방법"이라고 주장한다.[48]

청산리정신과 청산리방법의 주요내용을 살펴보면, 첫째 상급기관이 하급기관을, 윗사람이 아랫사람을 도와서 당의 노선과 정책을 관철하고, 둘째 항상 현지에 내려가 현지실정을 감안하여 문제해결을 모색하며, 셋째 모든 활동에서 정치활동을 선행함으로써 노동자 각자의 열의와 창의를 발휘시키며 넷째, '일반적 지도'와 '개별적 지도'를 결부시켜 문제해결의 방향을 찾아내고 다섯째 사업의 중심 고리에 역량을 집중하여 모든 문제를 해결하며 여섯째, 모든 사업은 계획하여 힘 있게 추진하다는 것 등이다.[49] 이러한 청산리방법은 북한의 경제전반(농업 및 공업부문)의 기본적인 관리방법으로 채택되었다.

대안의 사업체계는 바로 이러한 청산리방법을 이론적 근간으로 하여 구현된 공업관리 형태이다.[50] 대안의 사업체계의 구체적인 내용을 살펴보면 다음과 같다.

첫째, 공장당위원회의 집체적 지도와 관리책임 아래 생산 활동이 이루어지며, 공장당위원회에는 당 간부, 행정간부, 지배인, 기사장, 기술자, 근로자(생산 핵심당원) 등이 참여한다. 둘째, 계획 작성, 생산 및 기술지도사업은 기사장의 지도하에 집중적으로 수행되며 자재공급과 후방공급사업 등 공장관리 전반에 대한 행정경제활동은 지배인의 지도하에서 통일적으로 수행된다. 셋째, 중앙집권적인 자재공급체계로써 각부 관리국, 공장·기업소, 직장, 생산현장의 순으로 생산을 조직 지도하면서 상급기관이 하부기관에 대해 자재를 책임 공급한다. 넷째, 종합적 후방공급체계로서 기업소가 근로자들의 후생을 총체적으로 책임진다. 이전에는 근로자들의 생활문제는 기업 관리와 무관한 것으로 간주되었지만 대안의 사업체계에서는 근로자의 물질적 수요를 종합적으로 보장한다.[51]

특징

공장 당 위원회의 집단지도체계

북한은 공업관리에 있어 처음에는 '지배인 유일 관리제'를 채택, 지배인이 관리·운영의 모든 문제를 결정하고 처리하여 책임지도록 했으나 이러한 제도가 관료주의와 기관본위주의와 같은 개인의 독단과 주관이 개입될 수 있고 기업 관리에 하부 직원의 직접적인 참여가 곤란하다는 결함이 대두됐다. 이에 따라 공장당위원회의 집체적 지도와 책임아래 생산 활동을 관리하며 공장 당 위원회에는 당간부, 행정간부, 지배인, 기사장, 기술자, 근로자 등이 참여하게 하였다.

총합적·집중적 생산지도체계

이전의 지도체계가 생산 지도를 담당하는 지배인과 기술 지도를 담당하는 기사장으로 나뉘어져 있어 통일적 총합적인 지도성을 결여하고 있었던 점을 보완하며 '공장참모부'를 설치했다.

지배인은 공장의 관리운영과 관련된 행정 및 경제활동 정체를 책임지고 기사장은 지배인의 제1대리인, 즉 공장의 참모장으로서 생산의 전 과정을 통일적으로 장악하여 일원적인 지도를 담당하는 것이다.

중앙집중적 자재공급체계와 후방공급체계로 구성

이는 통일적·종합적인 생산 조건의 보장체계이다. 중앙집권적인 자재공급체계로 각 관리국의 공장, 기업소, 직장, 생산협장의 순으로 생산을 조직·지도하며 상급기간이 자재를 책임·공급한다. 근로대중의 생활문제를 기업관리와 무관한 것으로 간주, 부식물 공급이 부진하게 된 실정을 타개하기 위해 종합적 후방공급체계로서 '노동자구 경리위원회'를 설치하고 공장 후방공급 부지배인을 위원장으로 임명, 근로자들의 물질적 수요를 종합적으로 보장하는 것 등을 들 수 있다.

결국 대안의 사업체계란 당의 지도적 역할 강화와 경제적 자극보다 정치·도덕적 자극을 앞세우는 정치사업 공장·기업소의 관리운영에서 공장당위원회의 집체적 토의와 지도 및 당 간부와 지배인의 생산현장지도 강화가 포함된 군중노선 관철, 중앙집권화된 계획적 관리와 독립채산제 실시 등을 주요 원칙으로 내세우고 있는 것으로 볼 수 있다.

김일성은 "대안의 사업체계의 기본정신은 간부들과 근로자들이 한 덩어리가 되며, 간부들이 책상에 앉아서 지시하고 명령하는 것이 아니라 아래로 내려가서 생산자들과 사업하여 그들을 직접 도와주는 데 있다."라고 언급했다.

대안의 사업체계의 현재와 미래

대안의 사업체계는 1990년대 경제난과 7·1경제관리개선조치를 거치면서 상당한 변화를 겪었다. 1990년대 중반 경제난이 본격화되자 중앙집권적 자재공급체계가 약화되었고 기업들 간에 수평적 물자교류시장이 허용되었다. 또한 식량난과 함께 기업의 후방공급체계도 사실상 유명무실화되는 등 대안의 사업체계가 근본적으로 흔들리기도 하였다. 그리고 대안의 사업체계에서는 공장당위원회에 권한이 집중되어 있었지만, 7·1조치 이후에는 지배인의 의사결정권이 강화되었다.[52]

하지만 2009년을 기점으로 다시 본래의 모습을 되찾는 양상을 보이고 있다. 2009년에 북한은 중앙집권적·통일적 지도를 강화하고, 김정은이 주도한 것으로 알려진 '150일 전투' 등의 예에서도 알 수 있듯이 전국가적인 총동원체제를 가동함에 따라 기업 간 자율적 물자교류시장보다는 중앙의 자원배분 권한을 강화했다. 이는 7·1조치와는 상반되는 것으로 '대안의 사업체계'의 복구를 의미하는 것으로도 볼 수 있다.

이러한 분위기는 최근 김정일 사망 직전(2012년 12월 15일)에 이루어진 '대안의 사업체계 창조 50돌 기념 중앙보고회'에서도 알 수 있다. 중앙보고회에서는 "대안의 사업체계는 사회주의 경제발전의 합법칙적 요구를 정확히 반영한 사회주의 경제관리 형태의 원형이다. 사회주의 건설의 전 역사적 기간에 인민경제의 모든 부문을 철저히 구현해 나가야 할 혁명적 기치"라고 언급하며, 김일성과 김정일의 영도에 의해 계승·발전되고 있다고 강조하였다. 또한 「노동신문」에서도 '우리식 사회주의경제관리의 50년이 확증한 절대불변의 진리'라는 논설을 통해 대안의 사업체계를 한껏 치켜세우며, 최근의 CNC와 함남의 불길[53] 등과 연관시켜 대안의 사업체계의 당위성을 선전하였다.

이러한 맥락에서 볼 때, 대안의 사업체계는 향후 북한의 주요한 경제관리이념으로 강조되며, 경제관리체계로써 운용될 것으로 보인다. 물론 현재의 북한에서 대안의 사업체계가 과거 1960~1970년대와 같이 정상적으로 작동하느냐는 논외로 하더라도 북한은 기본적으로 경제관리방안에 있어 대안의 사업체계를 유지하려고 할 것으로 보인다. 대안의 사업체계가 가지고 있는 중앙집권화 된 경제관리시스템이 자신들의 독재체제를 유지하는 데 유리한 것으로 판단하고 있기 때문이다.

독립채산제

정의

　독립채산제(獨立採算制, self-supporting accounting system, Khozraschyot)의 시작은 국영기업의 경영관리를 위해 1921년 8월 구소련에서 시작되었다. 당시 구소련에서는 모든 기업이 국영기업이었지만 각 기업들에게 일정한 자율성을 보장해주면서 기업의 생산성과 능률의 향상을 도모하였다. 다른 나라에서는 이러한 구소련의 제도를 공기업 경영방법으로 접목시켜 이른바 '재정과 경영의 분리'라는 성과를 거두었다.

　북한에서는 독립채산제에 대하여 '국가의 중앙집권적 지도 밑에 경영상 상대적 독자성을 가지고 경영활동을 하면서 자체로 수입과 지출을 맞춰 국가에 리익을 주는 국영기업소의 관리운영방법'으로 정의하고 있다.[55] 즉, 생산수단은 국가의 소유로 귀속되지만 공장이나 기업체에게 관리 및 이용을 위임하여 기업의 운영을 독자적으로 하게 하는 기업관리 방법을 말한다. 또한 기업에게 독자적 경영을 보장하는 대신에 국가에서는 기업의 생산결과에 따라 책임을 묻는 것을 그 전제로 하고 있다. 기업이 국가계획을 초과 수행했을 때에는 물질적 이익을 보지만 제대로 수행하지 못했을 때는 그 결과에 대한 대가를 감수해야 하는 제도이다. 북한에서는 사회주의 경제체제에 자본주의적 경제원리를 접목한 독립채산제를 실시하여 기업이 직면할 수 있는 계획경제의 비효율성과 경직성 등을 해소하고 자재와 자금절약, 비생산적 지출축소, 노동생산성 향상 등을 위해 도입된 것이다.

북한에서는 이를 사회주의 국영기업체의 합리적인 관리운영방식이라고 말하고 있으나, 한마디로 말하면 사회주의체제에 자본주의적 경제원리를 도입한 것이다.

독립채산제는 공장·기업소 경영활동의 독자성을 어느 정도 인정하면서 생산성을 올리려는 경영관리방법이지만 그것을 운용하는 데는 사회주의 경제관리체계에 따른 감독과 통제를 벗어날 수 없다.

등장배경

사회주의 사회에서 독립채산제가 필요하게 된 것은 사회주의사회는 생산력 수준이 공산주의 사회처럼 능력에 따라 일하고 필요에 따라 분배할 수 있는 정도가 되지 못하는 과도적 사회이기 때문에 생산과정에서 엄격한 통제가 필요하다는 데서 온다. 실제로 사적 소유가 어려운 북한에서 공장이나 기업체는 생산조직 및 운영상의 형식주의와 낭비적 요소, 기관 본위주의 및 지방 본위주의적 사업태도, 국가소유 생산수단에 대한 애호정신 결여 등의 문제를 안고 있다.

이런 문제를 해결하기 위해 1962년부터 중앙의 국영기업체부터 '완전독립채산제'라는 이름으로 실시하다가 1970년대 초부터는 지방공장과 유통 부문에까지 확대, 실시하였으며 1984년 6월 이후에는 실시 범위를 광범위하게 확대하였다.

독립채산제는 반독립채산제, 이중독립채산제 형식으로도 실시되는데 반독립채산제는 운영자금의 일부만 국가가 지원함으로써 국가의 재정 지출을 줄이려는 것이고, 이중독립채산제는 생산조직과 상위의 관리조직이 별도로 독립채산제를 실시하여 이중적으로 실시하는 것이다.

북한 사회에는 기본적으로 사적인 소유를 인정하지 않기 때문에 이러한 체제 하에서 발생되는 여러 가지 문제점들, 이를테면 기업경영과 생산조직상의 형식주의와 낭비, 국가재산 절약정신의 부재, 무사안일주의 등을 해결해야만 생산성을 높일 수 있었다.

실제로 사적 소유를 할 수 없는 북한에서 공장이나 기업체는 생산조직 및 운영상의 형식주의와 낭비적 요소, 기관 본위주의 및 지방 본위주의적 사업태도, 국가소유 생산수단에 대한 애호정신 결여 등의 문제를 안고 있다. 이 문제를 해결하기 위해 1962년부터 중앙의 국영기업체부터 '완전독립채산제'라는 이름으로 실시하다가 1970년대 초부터는 지방공장과 유통부문에까지 확대, 실시하였으며 1984년 6월 이후에는 실시 범위를 광범위하게 확대하였다. 북한의 독립채산제는 사회주의경제체제에서 필연적으로 제기되는 생산력 저하문제를 해소하기 위해 공장 기업소가 부분적으로나마 독자적인 경영활동을 할 수 있도록 한 경영관리기법이다. 이는 사회주의체제에서 자본주의적 경쟁원리를 도입한 것으로, 1962년 중앙의 국영기업소를 대상으로 실시되었으며 1973년 9월 독립채산제에 관한 규정을 제정하여 지방산업공장을 포함한 농업공업부문, 유통부문까지 확대되었다. 1980년 이후에는 소규모의 지방산업공장으로 확대되었는데, 1984년 12월 정무원 규정으로 사무기관을 제외한 비생산부문까지 실시범위가 확대되었다. 또한 북한은 독립채산제를 지난 1998년 9월 개정한 김일성 헌법에 명시하였는데, 이는 공장, 기업소의 의사결정 권한 확대와 자율성을 신장하려는 의도로 해석된다.

형태

북한의 독립채산제는 기업소 운영과 경제관리에 대하여 법칙을 활용하고 기업소와 노동자에 대한 물질적 인센티브를 제공한다는 의미를 지니고 있다.

독립채산제는 1947년부터 국영기업소들에 적용되기 시작했지만 이것은 자체적으로 수입과 지출을 맞추는 '완전한 독립채산제'가 아니라 보다 완화된 형태의 독립채산제였다. 즉, 기업소들 내부의 계획적지도와 통제를 강화하고, 노력과 자재, 자금 등을 절약하며 생산의 내부예비를 동원하는 것, 즉 절약과 증산에 대한 독려의 의미로 강조되었다.

북한의 독립채산제는 대상기관과 실시 정도에 따라 완전 독립채산제, 반독립채산제, 이중독립채산제로 구분된다.

완전 독립채산제

완전독립채산제는 지난 1962년부터 실시되고 있는 독립채산제의 원래 형태이다. 북한의 독립채산제는 다음과 같은 원칙들에 의해 실시되고 있다. 첫째, 당 정책과 국가계획을 무조건 실행하고 기업운영에서 생산대중의 참여와 정치사업을 선행시킨다. 둘째, 중앙집권적 계획·관리, 기업소의 운영상 융통성, 상품과 화폐간의 적절한 배합 등을 이룬다. 셋째, 정치·도덕적 자극과 물질적 자극이 옳게 결합돼야 한다는 것 등이다. 독립채산제를 기업적 측면에서 보면 '원'에 의한 통제를 강화하는 범위 내에서 각 국영기업은 은행신용의 이용과 독자적인 대차대조표를 보유하여 물자구입과 판매에 어느 정도 융통성을 부여하고 있다. 이에 따라 사업의 평가에 있어서 화폐지표를 활용하게 되며 이익금에 있어서 국가 몫을 먼저 공제하고 남는 것을 기업소의 경영상태 개선과 종업원들의 물질생활 제고에 활용하고 있다. 북한은 독립채산제의 운영의 묘를 살리기 위해 천리마작업반 운동, 3대혁명 붉은기 쟁취운동 등을 강화하는 한편, 작업반 우대제, 분조관리제 등도 실시하고 있다.

반독립채산제

제2차 7개년 계획이 종료됨에 따라 소집된 1984년 12월 당중앙위원회 제6기 10차 전원회의에서 김일성은 1985년도 경제계획 수행 문제와 함께 조직문제를 제기하면서 반독립채산제를 실시해 나갈 것을 지시했다. 반독립채산제는 '비생산부문의 기관·기업소들 가운데서 독립채산제로 운영할 수 없는 단위들에 적용'되는 독립채산제의 한 형태이다. 다시 말해 대상기업 또는 기관의 관리·운용에 필요한 자금 가운데 일부는 자체 수입으로 충당하고 나머지는 국가예산의 지원을 받게 되는 부분적 독립채산제라고 할 수 있다.

이중독립채산제

상위 조직인 연합기업소, 총국, 관리국과 그 산하에 있는 단위기업소도 자체적으로 독립채산제를 실시하여 이중적으로 독립채산제를 운용하는 것을 말한다.

개인소유

북한의 소유권은 기본적으로 생산수단 및 생산물에 대한 집단적 소유를 기반으로 하는 사회주의적 소유관계에 기초한다. 하지만 최근 북한의 법령 개정 및 정책 전환을 보면 개인의 소유권을 다소 허용하고 있는 것으로 판단된다. 북한은 경제난으로 국가가 개인의 경제적 여건을 보장하지 못하면서 만연화된 개인 소유를 일부 합법화 하고 확대된 시장을 통해 개인 스스로 이익 창출에 노력하도록 장려하기도 했다.

소유권의 특징

북한은 경제관계의 기초가 생산수단에 대한 소유관계에 근거한다고 본다. 따라서 계급적 차이는 생산수단에 대한 소유관계에 의해 규정하며 생산수단에 대한 자본의주적 소유는 착취자들의 사적소유형태로 인식한다.[57] 따라서 사회주의적 소유는 기본적으로 생산수단에 대한 독점적 지위의 주체를 노동계급으로 보며, 생산수단에 대한 전 인민적 소유로 전환하고자 하였다. 이를 바탕으로 북한은 사회주의경제제도의 특성에 대하여 '사회주의경제제도는 생산수단에 대한 사적소유가 청산되고 사람에 의한 사람의 착취가 없는 제도'이며 생산수단에 대한 사회적소유에 기초하고 있다고 설명한다.[58] 법률적으로도 북한의 소유권과 관련하여 헌법(제19조~제38조)과 민법(제37조~제63조)으로 제도적 지원을 하고 있다.

북한에서 소유란 정치적 계급성에서 기인하고[59] '사회주의적 생산관계의 기초가 되는 생산수단과 생산물의 전 인민적 또는 집단적 소유'의 특징이 발현되는 사회주의적 소유형태이며, 전체 인민의 소유를 사회주의의 완전한 승리단계로 주장하고 협동적 소유는 전 인민적 소유로 전환하는 과도기를 규정하고 있다.[60]

소유권의 종류

북한에서 소유권은 국가소유, 협동소유, 개인소유 세 가지로 구분된다.[61] 첫째, 헌법 제21조에서 국가소유는 전체 인민의 소유로서 국가소유권의 대상에는 제한이 없다. 모든 자연부원,

철도, 항공운수, 체신기관과 중요공장, 기업소, 항만, 은행은 국가만이 소유할 수 있다.

둘째, 협동적 소유는 헌법 제22조 및 제23조에서 규정하고 있으며 자본주의에서 사회주의로 넘어가는 과도기에 발생하는 사회주의적 소유의 한 형태로 근로자들의 집단적 소유이다. 협동단체 구성원들의 의사에 따라 협동단체소유를 점차 전 인민적 소유로 전환시킬 것을 명시하고 있다. 토지, 농기계, 배, 중소공장, 기업소 같은 것은 사회협동단체가 소유할 수 있다.

셋째, 개인소유는 헌법 제24조에서 사인들의 개인적이며 소비적인 목적을 위한 소유이다. 개인소유는 노동에 의한 사회주의분배와 국가와 사회의 추가적 혜택으로 이루어진다. 즉, 노동자의 노동에 대한 대가라고 인식된다.

또한 전체 구성원이 평등적으로 혜택을 받는 것이 아니라 추가적이라는 점에서 인센티브로 이해될 수 있다. 텃밭농경을 비롯한 개인부업에서 나오는 생산물과 그 밖의 합법적인 경제활동을 통해 얻은 수입도 개인소유에 속한다. 주목할 점은 국가는 개인소유를 보호하며 그에 대한 상속권을 법적으로 보장할 것을 헌법에서 명시하고 있다는 점이다.

소유권 변화

북한은 민법(제37조~63조)에서 헌법상의 사회주의적 3대 소유권 관계를 구체화하고 있다. 개인소유권은 제4장(제58조~제63

조)에 규정되어 있는데 가정용품, 문화용품 등 생활용품은 매매, 임차, 증여의 대상이 된다. 여기서 주목할 부분은 토지관련 사항이다. 북한에서는 토지개혁 이후 개인의 토지 소유를 제한하고 있으며 토지를 생산수단으로 한 경제적 이익은 모두 집단적 소유에 귀속했다. 이와 같은 집단적 소유의 기조가 유지되고 있으나 최근 그 활용에 대해서는 다소의 자율성이 허용하고 있다.

민법 제50조를 보면 토지의 이용권을 보장하고 있으며 여기서 나온 수입을 개인 소유로 허용하고 있다. 2002년 내각결정으로 승인된 '토지사용료 납부규정'에 따르면 토지사용료는 토지를 이용하여 생산한 농업생산물의 일부를 국가에 금전으로 납부하도록 하고 있으며 그 대상에는 기관, 기업소, 단체, 군부대와 함께 개인도 적용된다고 적시되어 있다. 즉, 토지를 사용한 수익에 대한 세금으로 이해할 수 있다.

토지사용료 적용대상에는 개인의 텃밭 경작도 포함되는데 눈여겨봐야 할 것은 농민세대들이 30평까지 텃밭을 경작하는 것과, 농민세대가 아닌 경우 살림집 주변의 10평까지의 텃밭을 경작하게 되는 경우 토지사용료의 적용을 제하고 있다. 따라서 여기서 확인되는 것은 구체적으로 토지사용료 납부대상에 개인이 포함된다는 점, 과도한 적용을 배제하여 주민생활을 보장하고 있다는 것이다. 특히 새로 개간한 경우 3년간은 부과대상에서 제외함으로써 주민들의 경작을 유도하고 있다. 규정의 제1조를 보면 농업생산물의 생산을 높이는 것을 목적으로 하며,

법규	근거내용
헌법 (2009년 수정)	·제19조 : 조선민주주의인민공화국은 '사회주의 생산관계와 자립적민족경제'의 토대에 의거한다. ·제25조 : 국가는 모든 근로자들에게 '먹고 입고 쓰고' 살 수 있는 온갖 조건을 마련'하여 준다. ·제24조 : '텃밭경리'를 비롯한 개인부업경리에서 나오는 생산물과 그 밖의 합법적인 경리활동을 통하여 얻은 수입도 개인소유에 속한다.
민법 (1999년 수정 보충)	·제3조 국가는 '재산관계에서 사회주의적 소유에 기초'한 인민경제의 계획적 관리운영을 강화하여 사회주의 경제제도를 끊임없이 공고히 하도록 한다. ·제50조 : '국가는 살림집을 지어 리용권을 로동자, 사무원, 협동 농민에게 넘겨주며' 그 리용권을 법적으로 보호한다.
토지법 (1999년 수 정)	·제9조 : 조선민주주의인민공화국에서 '토지는 국가 및 협동단체소유'이다. 나라의 모든 토지는 인민의 공동소유로서 그것을 '누구도 팔고사거나 개인의 것으로 만들 수 없다.' ·제10조 : 국가소유토지의 범위에는 제한이 없다.'

[표10] 북한의 토지 및 주택에 관한 소유권의 관련 법규.

개인소유를 제한하기보다는 장려하려는 정책적 목표가 있음을 확인할 수 있다.[62]

농업 경작 부분에 있어서 개인 소유권 보장은 사회주의적 소유 원칙에는 부합되지 않는다. 그러나 중국의 경우도 개혁개방 이후 토지에 대한 농업은 사실상 개인 소유로 전환되었다는 점에서 정책 전환의 방향성을 추정할 수 있다. 중국은 집단적으로 소유하던 토지사용권을 농가호별로 분할하여 경영하는 호별도급생산제로 전환하였다.[63] 북한 주민들의 의식에서도 이미 물질주의, 소유주의, 배금주의를 바탕으로 한 개인주의가 확산되었고 이에 따라 개인의 이윤 동기가 중요해지고 있다.[64] 이러한 개인주의적 가치관의 변화는 소유제도의 변화로 수용되고 있다. 소유권의 확대가 농업 분야에 국한되지 않고 시장관리소가 관리하는 매대의 경우도 거래의 대상이 되었다. 또 '자 릿값'이라 불리는 매대의 이용권이 합법적으로 유통되고 있다. [65]따라서 북한에서의 소유권은 경제난 시기 이전과 비교할 때 당국의 제한조치가 반복적으로 취해지기는 하나 확대의 추세 가 지속된 것으로 판단되며 이러한 경향성을 전환하기 어려울 것으로 전망된다.

지하경제

미국이나 우리나라와 같은 시장경제 질서가 확립된 사회에서도 지하경제는 존재하고 있다. 하지만 북한의 경우 지하경제의 역할과 체제의 안정이 민감하게 연계되어 있다는 점에서 그 파급효과와 중요성 면에서 연구 가치가 더 크다. 오늘날 북한이 약화된 중앙통제 경제에도 불구하고 체제가 유지되는 데는 지하경제의 역할이 크다. 북한 당국이 지하경제의 역할에 대한 통제의 수준을 조정하면서 전반적인 안정을 추구하고 있기 때문이다.

지하경제의 발현과 확대

북한에 지하경제가 존재한다는 것에 대한 반박의 여지는 없을 것이다. 2002년의 7·1개혁조치 등 북한 당국이 취한 일련의 정책들을 보아도 그 존재를 알 수 있다. 따라서 존재 여부가 아니라 지하경제의 변화, 성격, 함의 등에 관한 고찰이 중요할 것이다.[66]

1945년 해방 직후 북한은 제한적인 시장만을 허용하였다. 그러나 허용된 범위를 벗어난 물물교환이 이루어지면서 북한 내의 지하경제는 계속해서 존재했다. 초기의 인민시장은 농촌시장으로 변화했고, 그 이후 농민시장과 종합시장으로 발전했다.

북한의 지하경제는 경제난과 당국의 배급체계가 붕괴되면서 전면적으로 확대되기 시작하였다. 1990년대 중반 경제난이 심화되면서 북한당국이 보장하던 배급체계가 붕괴했다. 당국의 배급체계가 형식적으로만 존재하게 되면서 주민들은 자신들의 생계를 위해 시장의 기능에 의존하게 되었다. 일반 주민들 뿐 아니라 기업소와 같은 단체도 기존 공식경제의 구조에서 벗어나 비공식경제 구조 안에서 운용되기 시작했다. 이에 따라 북한의 지하경제의 범주는 일반 주민들 생활에 국한되지 않는다. 농업, 무역, 산업의 영역도 지하경제와 밀접한 연계를 갖고 있다. 일반 주민들은 자신의 텃밭에서 경작한 농산물을 시장에서 판매하거나 소유하고 있던 공산품, 직장 및 기업소의 생산품들을 거래의 대상으로 활용하기도 한다. 또한 어느 정도의 자본을 보유한 주민은 국경거래를 통해 반입한 상품들로 장사에 나서기도 한다. 당국에서 소비품을 공급받지 못하게 되면서 주민들은 자생적으로 형성된 시장의 공급구조 속에서 수요를 충족하고 있다. 협동농장이나 무역기관들도 기관본위를 위해 시장 활동에 참여하기도 했다. 그러나 1990년대 경제 위기 이후 무역기관들과 국가기관들은 권력의 비호를 받으면서 무역거래를 하였고 북한 내부에서 시장지배자적 지위를 차지해왔다. 따라서 시장의 영역이 지하경제라고 하지만 이미 당국의 상당한 영향력 아래 운용되고 있었던 것이다.[67] 게다가 2003년 이후에는 공식적인 영역으로 인정까지 받게 되었다. 표면적 현상만으로 보면, 북한의 지하경제는 팽창하여 스스로 공식적인 영역으로 전이되면서 소멸했다고도 말할 수도 있다. 그러나 시장에 대한 북한

법규	근거내용	공급원천의 합법여부	농민시장 유통 합법 여부
개인 차원의 생산물	텃밭 생산 농산물	합법	합법
	개인부업 농축산물	합법	합법
	협동농장 부업생산 농축산물	합법	합법
	개인부업 식료품·생필품	합법	불법
	개인의 불법적 경작지 생산 농산물	불법	불법
	개인의 불법적 가축사육	불법	불법
기업 차원의 생산물*	공적부문 생산 식량, 공산품	불법	불법
	공식부문 절취·유출 식량, 생필품, 원자재	합법***	불법
유입품**	공식기관에 의한 수입품	불법****	불법
	개인·기관에 의한 밀수품	합법	불법
국제사회 지원물자	개인·기관에 의한 절취·유출 물자	불법	불법
		합법	불법

[표11] 기존 농민시장에 대한 제품공급루트.
* 참고 : *기업차원의 생산물은 농장생산을 포함.
**유입품은 중국 등 제3국에서 반입됨. ***기업입장. ****개인입장
* 자료 : 양문수, "북한의 종합시장: 실태, 파급효과, 성격과 의미," p. 8.

당국의 공식적인정은 제한적이었고, 이후 반복된 통제와 시장에 대한 지속적인 규제에도 불구하고 시장경제활동은 지속적으로 확대되고 있어 지하경제 영역은 여전히 잔존하고 있다.

지하경제의 부작용과 통제

북한 당국은 2002년 7·1조치를 단행한 이후 개혁의 추세를 지속하지 못했다. 이에 대해 박영자는 북한시장의 형성에 관하여 다음과 같이 ①암시장 확산기(1990~1994) ②자생적 시장 형성기(1995~1997) ③국가의 시장정비기(1998~2000) ④시장 확산 및 포섭기(2000~2005) ⑤시장 활성화 억제기(2005~2007) ⑥시장 하락기(2007~2010) ⑦회복기(2010~현재)로 구분고 있다.[68]

2007년 경에 북한 당국이 시장 활성화를 억제하고자 한 것은 단순히 외부요소가 유입되어 경제부분에만 효과가 미친 것이 아니라 정치사상적으로도 체제의 안정을 위협할 정도로 확대되었다고 판단했기 때문이다.

시장의 형성은 상품의 유통만 수반하는 것이 아니라 정보의 유통까지 가져오면서 북한 체제 유지에 위협이 되었다. 북한이 의도한 실리의 범주를 벗어나면서 시장 활성화가 비사회주의 현상을 확대하는 등 초기의 성과보다는 부작용이 더 크다고 판단한 것이다.

그럼에도 불구하고 북한 당국의 통제조치는 큰 효과가 없어 보인다. 탈북자들의 조사를 통해 나타난 북한 주민의 소득원천을 보면, 1990년대 후반과 2000년대 중후반 사이에 큰 변화가 없다. 1997년부터 1999년 사이에 탈북한 북한이탈주민들의 소득구조를 보면 상거래소득이 91.9%이며 2004년부터 2007년 사이에 탈북한 경우에도 88.1% 정도 수준을 유지했다.[69]

또한 2009년 화폐개혁의 실패에서 확인할 수 있듯이 지하경제에 대한 의존도가 상당히 높아진 북한의 경제구조는 이미 통제체제로 회복하기에는 국가부분의 자본능력이 부족한 것으로 판단된다. 따라서 계획경제의 능력이 향상되지 않는다면 지하경제는 앞으로도 지속될 것으로 판단된다.

법규	근거내용	목적
2003. 5	·종합시장 도입(김정일 지시)	통제완화
2005. 10	·국가배급제 복귀 선언: 개인텃밭, 뙈기밭 수확량 측정하고 수매 강요	통제강화
2006. 12	·만 17세 이상 성인 남자 장사 금지	
2007. 10	·장사 가능: 여성 39세 이상으로 제한	
2007. 11	·시장판매 품목 및 가격 통제	
2007. 12	·공산품은 국영상점에서만 판매 ·장사 가능: 여성 49세 이상으로 제한	
2008. 12	·종합시장 폐지하고 농민시장 전환 (10일장): 생계관련 주민 불만 여론 확산	
2009. 1	·종합시장을 10일장으로 전환하고 국영상점 복원 계획 발표 ·농민시장으로 전환 6개월 연기 ·2009.7월 평성지장 이전 축소 시군별 시장 폐쇄는 유보	통제완화
2009. 12	·종합시장 폐쇄: 국영상점, 식량공급소 수매 독려	통제강화
2010. 1	·종합시장 폐쇄, 농민시장 변경 (1. 14일부터 시행, 10일장)	통제완화
2010. 2	·종합시장 재가동 (한도가격 제시)	

[표12] 당국의 시장통제.

장마당

현황

세계 어디를 가도 사람들이 살고 있는 지역에는 예외 없이 암시장(Black Market)이 존재한다. 현대사회에서는 암시장과 일반시장이 구분하기 어려울 정도로 광범위하게 분포되어 있다. 북한도 사회주의 체제이기는 하지만 사람들이 살아가는 지역이기 때문에 예외일 수는 없다. 북한의 암시장은 '수요와 공급의 원칙에 따라 가격이 결정되는 시장경제 방식으로 거래되는 형태가 존재하는 시장'이라고 정의할 수 있으며, 대표적인 것이 '농민시장(장마당)'이다.[70]

북한에서는 공식적으로는 '농민시장'이라는 말이 사용되지만, '장마당'이 편의상 주민들이 많이 사용하는 말이다. 농민시장이란 국영농장이나 협동농장 이외의 개인의 텃밭(보통 30~50평)에서 생산되는 농작물이나 부업경리의 생산물을 매매·교환하는 시장으로 원래는 10일마다 협동농장이 쉬는 날에 주민들이 모여서 물품을 거래하는 제한된 시장으로써 군(郡)별로 1~2개씩 설치되었다. 그러나 북한은 농민시장의 존재를 상업의 한 형태로 인정하면서도 사회주의 계획경제와 모순되며 자본주의적 요소가 있기 때문에 그동안 규제와 허용을 되풀이 해왔다. 그러다가 1980년대 말부터 생산침체가 가시화되고, 배급기능이 원활히 작동되지 않으면서 농민시장을 허용하였으며, 1993년에 이르면 10일장이 1일장으로 환원되었을 뿐만 아니라, 최근에는 당국의 묵인 하에 상당히 활성화 된 것으로 보인다.[71] 대표적인 북한 장마당 지역은 대동강구역의 북수장마당, 동대원구역 새살림장마당, 사동구역 송신장마당, 대성구역 용흥장마당, 평천구역 부흥장마당, 만경대구역 칠골장마당, 선교구역 산업장마당 등이 있다.

규모도 확대되어 처음에는 20~30명 수준에서 서던 장이 이제는 웬만하면 200~300명이 몰려든다. 거래품목도 다양화되어 이제 장마당에는 "고양이 뿔 말고는 없는 게 없다."라고 말할 정도로 많은 물건이 공급되고 있다.

초기에는 과일, 채소, 낙지, 명태 등 농수산물이 주류를 이루었으나 최근에는 과자, 치약, 비누, 옷 등 공산품으로 확산되었고, 거래를 금지하고 있는 곡물류, 담배, 술, 등도 쉽게 찾아볼 수 있다. 그러나 장마당 시세는 국정가격보다 20~100배나 높기 때문에 북한주민들은 이를 협의가격으로 받아들이고 있다.

북한 장마당의 규모·운영·거래방식

북한의 장마당은 지정된 지역을 벗어나 도로변, 주택가, 역전 등으로 거래장소가 확산되고 있다. 보통 아침 10시에서 저녁 6시까지 서던 장이 이제는 저녁 9시 이후까지도 계속된다. 그래서 북한사람들은 낮에 서는 장을 '햇빛회사', 밤에 서는 장을 '달빛회사'라고 부르고 있다. 현재 평양 시내에는 대략 7개의 장마당이 개설되어 있다.

평안남도의 한 장마당의 경우 평균 2m 높이의 울타리로 둘러싸여 있고, 너비 50m, 길이 100m 크기의 장방형 구조이다. 울타리는 블록으로 쌓았으며 정면에 출입문이 있고 뒷문이 따로 있다. 장마당 안에는 너비 6.5m의 폭으로 된 매대[72] 20여개가 5줄로 배치되어 있고 울타리와 매대 사이 공간들에 장사를 하는 자리들이 배치되어 있다.

시장관리소, 보안원실, 보위원실, 짐 보관소, 수매상점, 자전거 보관소, 국영식당 등이 있다. 장마당 내에 배열된 장사매대 외에 울타리를 따라 있는 매대를 살펴보면 신발매대, 공업품매대, 식량매대, 음식매대 등이 있다. 장마당 울타리 바깥에는 자전거와 짐승을 맡기는 자전거 판매장, 짐승 판매장이 있고, 장마당 정문 입구에서부터 200m 정도까지 길 양 옆으로 음식매장, 술매대, 잡화 등 각종 매대가 장사를 한다.

장마당의 운영시간은 보통 8시간에서 12시간이나, 2006년 4월 북한 상업국의 '장마당 운영시간 제한에 대하여'라는 조치 이후에는 한동안 오후 12시부터 4시까지 4시간으로 제한되기도 했다. 최근 북한은 장마당 확산을 통제하기 위하여 장사를 할 수 있는 연령대를 제한하고 통제 수위를 유동적으로 조절하고 있다.

장마당에서 장사를 하는 사람은 '장세(일종의 세금)'를 내야 한다. '장세'는 매일 오전 10~11시경에 한번 받고 오후에 출근하는 미납자는 오후 3~4시경에 받는데 한두 번 체납하면 자리를 빼앗기기도 한다.

거래는 주로 최종소비자와 판매자 간에 돈으로 교환되는데 물건가격은 보통 시장에서 정해진 가격대로 거래된다. 상품가격은 같은 품목이라도 품질에 따라 가격 차이가 난다고 한다. 시장가격은 상인들 간에 약속으로 정해지는 것과 함께 여러 가지 외부적 요인에 의해 결정 된다. 또한 상인들 간에 갖고 있는 자본금과 거래하는 수량에 따라 크게 도매장사와 소매장사로 나누는데 보통 장마당 중심으로 가까워질수록 최종 소비자가격에 판매되는 소매시장을 형성하고 있고 주변부로 가까워질수록 도매장사나 혹은 되거리장사[73)]가 이루어진다.

이상과 같이 장마당에서는 국정가격이 적용되지 않고 수요와 공급에 의해 가격이 결정되고 소비자와 공급자가 직접 거래를 함으로써 자본주의 시장경제의 형태를 보이고 있다.

이런 면에서 계획경제 하에서의 배급체제와 국정가격에 익숙해 온 북한주민들이 시장경제에 적응할 수 있는 경험이 점차 축적되고 있다고 볼 수 있다. 또한 당국에서 장마당을 허용하는 것은 제한적이나마 시장경제를 제도화할 필요성이 있음을 일부 묵인하는 것으로 볼 수도 있다.

북한 당국의 장마당 통제

북한 당국의 장마당 관리기구로는 '농민시장관리소'가 있다. 관리소장을 비롯하여 6~8명의 직원이 근무하며 해당 시의 상업국 소속이다. 장마당의 단속에 동원되는 통제기관과 조직은 보안서, 보위부, 장마당지역의 분주소이며 보안서와 보위부는 장마당에 사무실을 두고 1명씩 고정 배치하고 있다.

보위부 상주 인원은 1명이나, 집중 단속 시에는 5~6명 정도가 있다. 장마당 단속에서 가장 악명을 떨치는 것은 보안원의 지시를 받는 젊은 직원들로 구성된 규찰대이며, 이들은 언어폭력은 물론 물리적인 폭력도 서슴지 않고 휘두르는 등 무자비하게 단속을 하는 것으로 알려져 있다.

집중단속을 할 때에는 수많은 사람들이 단속으로 판매물품을 압수당하게 되므로, 장마당 지역 분주소 앞마당에서 집단적으로 의사를 표현하기도 한다. 또한 판매물품을 되찾기 위해 뇌물을 바치기도 한다. 그러나 단속된 물품에 대한 처리는 보안원의 권한에 속하여 일단 압수당하면 뇌물 여부와 상관없이 되찾기가 극히 어렵다.

장마당 확산의 의미

북한경제에서 장마당 확산이 갖는 중요한 의미 두 가지를 찾을 수 있다. 첫째, 암시장의 확산은 공적 경제영역의 역할을 축소시키고 사적 경제영역이 확대됨을 의미한다. 이는 대부분의 생산시설이 국유화되어 있고 경제활동이 계획에 의해 이루어지는 북한경제 운영방식에 큰 차질이 발생함을 의미한다.

둘째는 계획생산과 국정가격에 의한 물자공급이 충족되지 않는 한 장마당의 확산은 불가피하며, 소비시장에서의 가격형성은 수요와 공급의 원칙에 따라 결정되는 체제로 정착될 것이라는 점이다. 이는 국가의 가격통제 능력이 현격히 저하됨을 의미한다. 더욱이 북한은 중요물자의 가격통제 능력을 국가에서 쥐고 있는데, 결국 국가가 통제능력을 상실하는 계기가 될 것이다.

지금까지 살펴 본 북한의 경제를 한마디로 평가한다면 그들이 추구하던 자립적 민족경제라는 표현이 무색할 정도로 와해되어 있다. 이로 인해 북한은 비단 경제 분야뿐만 아니라 사회전 분야에 걸쳐 외부의 지원이나 원조 없이 제대로 작동하기 어려운 실정이다. 그렇다면 이러한 암울한 현실에 대해 북한은 '그들 스스로의 자구책을 갖고 있거나 탈출구가 있는가?' 라는 질문을 하게 된다. 하지만 유감스럽게도 이 질문에 대한 답변

역시 우울하다. 왜냐하면 필자가 판단하기에 북한경제는 단시일 내에 해결할 수 있는, 그리 간단한 문제가 아니기 때문이다.

북한의 경제난은 대내외적인 요인이 복합된 부산물이다. 그동안 북한은 스스로 이러한 원인에 대한 해결책을 나름대로 제시했지만 번번이 실패하였다. 고난의 행군 이후 북한의 경제는 외화난, 식량난, 에너지난, 화폐개혁과 시장도입의 실패 등으로 인해 여전히 벼랑 끝에 서 있다.

북한주민의 생계는 극소수 권력층을 제외하고는 거의 모두가 개인과 가족단위의 자립생활을 하고 있다. 대체로 북한 대부분의 주민들은 개인의 능력에 따라 장마당을 통한 가계생활을 하고 있다. 이 때문에 북한 대다수 주민들은 빈곤의 평등과 국가의 무능력으로 인해 등 떠밀리다시피 한 자립과 자활 시대를 맞이하였다.

북한이 적어도 그동안 중국의 개혁과 개방을 통한 성장을 목격하면서 이를 통해 경제개혁을 일정수준 달성하였다면 지금과는 사뭇 달라졌을 것이다. 그렇지만 북한은 개방을 거부하고 제한적이고 일시적인 개혁만 고집했고 여전히 폐쇄적인 통제만을 고집하고 있다.

이는 곧 북한 스스로 자신들의 탈출구를 막고 있는 셈이다. 따라서 북한경제의 성장과 회복은 북한의 개혁과 개방, 지속적인 경제개혁 조치의 실천과 성과, 시장기능의 활성화, 외부와의 교류와 소통 등 북한체제의 전반적인 변화가 수반되지 않는 한 실로 요원할 수밖에 없다.

참고문헌____

권태진 외, '북한의 농업기술 현황과 남북한 협력 방향', 「농촌경제」, 제 22권 제 4호 1999년 겨울호.

김삼식, '비료지원 방안', 「통일경제」, 1998년 4월 호.

김성보, 『남북한 경제구조의 기원과 전』, 역사비평사, 2000.

김영훈, '북한 농업의 개혁과 개방 가능성 고찰', 「농촌경제」 제22권 제 4호, 1999년 겨울호.

『김일성 저작선』 2권, 평양: 조선로동당출판사.

『김일성 저작선집』 3권, 평양: 조선로동당출판사.

『김일성 저작집』 6권, 평양: 사회과학출판사.

『남북한 경제사회상 비교』, 서울: 통계청, 각 년도.

남북한 영농기반 분석과 생산능력 비교」, 서울: 통일원, 1977.

남성욱, 「북한의 식량난과 협동농장 개혁」, 한울아카데미, 2006.

'북한 주체농법의 철학과 현실', 「농민과 사회」, 2000년 여름호.

'북한의 시장경제 규모 추정에 관한 연구: 1998년을 중심으로', 「현대 북한연구」 제3권 1호, 경남대 북한대학원, 2000년.

'21세기 통일대비 농정수립의 방향과 과제', 「제7회 농정연구포럼 발표 논문집」, 1999.6.

'북한의 식량난과 인구변화 추이, 1961~98', 「현대북한연구」, 경남대 북한대학원, 2권 1호 1999.

'위기에 처한 북한경제의 회복과 성장은 가능한가?' 「통일문제연구」, 제12권 1호, 평화문제연구소, 2000.6.

'최근 북한농정추진 방향과 남북농업협력 추진방안' 「북한농업연구」 제7권, 북한농업연구회, 2000.11.

「북한경제통계자료집」, 한림대학교 출판부, 1994.

북한 농업성 최명현 국장, 2001년 3월 17일자 통일신보와의 인터뷰.

북한 농업성 차인석 부국장, 1998년 1월 신화사 통신 기자와의 인터 뷰.

「북한의 농업생산능력평가」, 서울: 농촌경제연구원, 1983.

「북한의 산업실태 및 구조개편 방안」, 산업은행, 2000.

『새 천년을 향한 남·북한 농업 협력』, 대산 농촌문화재단 심포지엄 보고서, 서울 : 도서출판 백의, 1999.

이두순, '농자지원 방안', 「통일경제」, 1998년 8월호.

『조선민주주의인민공화국 인민경제발전통계집: 1946~1960』, 평양 : 국립출판사, 1961.

황장엽, 『어둠의 편이 된 햇볕은 어둠을 밝힐 수 없다』, 월간조선사, 2001.

Kim Woon Keun, *The Food Crisis in North Korea: Background and Prospects*, East Asian Review vol. III, no. 4 (Winter 1996).

「국제식량농업」, FAO 한국협회, 1997.1, 1997.12.

FAO 「Production Yearbook」, 「Monthly Bulletin of Statistics」.

FAO/WFP, Special Report, November 1998.

North Korea still needs food aid despite best harvest in six years, Press release 01/74 Joint FAO/WFP.

Sung Wook Nam, *Grain Production and Grain Consumption in North Korea*, Journal of Rural Development 21, Winter 1998.

Prospects of Grain Production, Consumption and Trade in North Korea: 1961~1997, Ph.D. Dissertation, University of Missouri-Columbia, 1997.

The People's Korea, January 15, 1997.

「UN, FAO Almanac」(1960-98), 「UN Commodity Trade Statistics」 (1998).

1) 북한 경제의 초기조건에 관한 자세한 내용은 다음을 참조. 양문수, '북한 경제의 초기조건', 북한연구학회 편, 『(북한학총서 북한의 새 인식 3)북한의 경제』, (경인문화사, 2006).

2) 북한의 경제는 생산수단의 국유화 및 집단화의 조건에서 성장하였다. 사회주의적 경제체제의 특징으로서 비교적 짧은 시기 안에 농업과 공업 등 일체의 생산수단 소유구조의 변화를 가져왔다. 특히 공업 부분의 사회적 소유는 상이한 정치체제와 같이 남한의 구조와 비교된다. 해당 시기의 소유구조의 전화에 관한 자세한 내용은 다음을 참조. 전현수, "산업의 국유화와 인민경제의 계획과 공업을 중심으로", 경남대학교 북한대학원 편, 『현대북한연구』제2권, 1호 (1999).

3) 일본은 식민지 지배시기에 북한 지역을 병참화 하였다. 일본의 기업과 국가가 주도한 자원 개발 및 산업 기반시설이 남한과 비교할 때 유리하게 구축되었다. 물론 일본의 아시아 지배 전략에서 파생된 부분으로 논란의 여지가 있지만 전술한 바와 같이 이러한 초기조건을 기반으로 북한 경제 초기 고도성장이 가능했으며 한국전쟁 수행 능력 구축에 상당한 영향을 주었던 것으로 판단된다. 자세한 내용은 다음을 참조. 차문석·박정진 역, 기무라 미쓰히코·아베 게이지 저, 『전쟁이 만든 나라, 북한의 군사 공업화』, (서울: 미지북스, 2009)

4) 중소분쟁 이전의 경제성장이 대외 원조에 기인했다는 점에서 의미가 있다. 전후 복구시기부터 이어진 대외원조는 이 시기 이후 중단되었고 북한은 자력갱생의 경제성장을 추진했기 때문이다. 1954~1956년간의 3개년 시기동안 북한 총수입량의 80% 이상은 소련을 비롯한 사회주의 국가들이었다. 구체적인 내용은 다음을 참조. 이영훈, '한국전쟁과 북한의 전후경제복구 및 건설: 체제경쟁에 따른 고도성장의 빛과 그림자', 평화문제연구소, 『통일문제연구』제12권 제1호(2000). pp.203~210.

5) 4대 자연개조사업이란 '20만 정보 새 땅 찾기, 30만 정보 간석지 개발, 태천발전소 건설, 서해갑문'등이다. (제6기 4차 당중앙위원회 전원회의, 1981.10)

6) 북한의 국가 총예산 대비 군사비 비중이 11~14% 수준에서 15~16% 수준으로 증가하였다. 북한이 최고인민회의에서 공개한 자료로서 총예산대비 비율이며 북한의 환율, 은폐된 군사비 등 여러 요소에 따라 실질적인 군사비를 확인하기는 어렵다. 다만 북한의 경제난 시기 군사비가 축소되었고 최근 경제 성장과 함께 증가 추세에 있음을 추정할 뿐이다. 북한 군사비에 관한 자세한 내용은 다음을 참조. 성채기, '북한 군사력의 경제적 기초: '군사경제' 실체에 대한 역사적·실증적 분석', 경남대학교 북한대학원 엮음,『북한 군사문제의 재조명』, (파주: 한울아카데미, 2006).

7) Janos Kornai, *The Socialist System* (Princeton: Princeton University Press, 1991).

8) 북한금융제도의 기본 개념과 관련한 자세한 내용은 다음을 참조. 문성민,『북한 금융의 최근 변화와 개혁과제』, (서울: 한국은행, 2005), pp.3~8.

9) 박봉주 내각총리의 주도로 추진되었고 김정일 위원장의 강력한 후원아래 진행되었지만 2005년부터 당의 강력한 반대에 직면해 실패한 것으로 평가된다. 사회주의체제 정치변화와 경제발전의 정체 및 북한의 7.1개혁조치 실패에 관한 자세한 내용은 다음을 참조. 이기동, "북한 경제개혁의 정치적 조건과 영향," 통일연구원,『통일정책연구』제19권 1호(2010), pp.159~163.

10) 제5차 화폐개혁에 관한 전반적인 사항은 다음을 참조. 북한경제팀, '2009년 북한 화폐개혁의 주요 내용 및 영향'. KDI,『KDI 북한 경제리뷰』12월호(2009).

11) 양문수는 북한 화폐개혁에 관한 평가의 전제사항으로 '인플레이션의 원인'과 '재정위기' 그리고 '달러화현상'을 설명하였다. 구체적인 내용은 다음을 참조. 양문수, '북한의 화폐개혁 : 실태와 평가', 평화문제연구소,『통일문제연구』제22권 1호(2010), pp.62~68.

12) 임수호, '화폐개혁 이후 북한의 대내경제 전략', KDI,『KDI 북한 경제리뷰』3월호(2010), p.5.

13) 화폐개혁의 정치적, 경제적 영향에 관한 자세한 내용은 다음을 참조. 김창희, '북한 시장화와 화폐개혁의 정치, 경제적 분석', 북한연구학회,『북한연구학회보』제14권 2호(2010), pp.68~70.

14) Janos Kornai, *The Socialist System*, (Princeton: Princeton University

Press, 1991), pp.262~301.

15) 헬렌-루이즈 헌터 저, 남성욱·김은영 역, 『CIA 북한보고서』, (서울: 도서출판 한송, 2001), pp.246~249.

16) 에너지 관련 통계에 관한 고찰과 수급현황에 관한 자세한 내용은 다음을 참조. 김경술, '북한의 에너지 수급현황과 전망', 북한연구학회 편, 『(북한학총서 북한의 새인식 3)북한의 경제』, (경인문화사, 2006).

17) 『북한의 주요통계지표 2010』, (2010.12, 통계청)

18) 김경술, '북한의 에너지 수급현황과 전망', 북한연구학회 편, 『(북한학총서 북한의 새인식 3)북한의 경제』, (경인문화사, 2006), p.254.

19) 「로동신문」, 2010년 3월 24일.

20) 「로동신문」, 2011년 9월 7일.

21) 배성인, "북한의 에너지난 극복을 위한 남북 협력 가능성 모색-신재생에너지를 중심으로-," 북한연구학회, 『북한연구학회보』 제14권 제1호(2010), p.67.

22) 보도문에서는 김정일의 지시를 인용하였다. "에네르기를 효과적으로 리용하고 절약하기 위한 과학기술문제들을 풀어야 하며 태양에네르기, 풍력에네르기를 비롯한 새로운 에네르기를 개발하기 위한 연구에 힘을 넣어 그 리용전망을 확고히 열어놓아야 합니다." 「로동신문」, 2012년 1월 8일.

23) 「로동신문」, 2011년 2월 7일.

24) 「로동신문」, 2012년 1월 24일.

25) 「로동신문」, 2012년 1월 6일.

26) 소련은 북한이 핵확산금지조약에 가입하고 국제원자력기구의 핵시설 정기사찰을 수용하면 원자력발전소를 건설해 준다고 1985년 12월 26일에 북한과 합의했다. 케네스 퀴노네스 저, 노순옥 역, 『2평 빵집에서 결정된 한반도 운명』, (서울: 중앙M&B , 2000), p. 37.

27) 김일성, "미국 「워싱턴 타임스(The Washington Times)」 기자단이 제기한 질문에 대한 대답(1994년 4월 16일)," 『김일성 저작집 44』 (평양: 조선로동당출판사, 1996).

28) 남성욱, 「북한의 IT 산업 발전전략과 강성대국 건설」, 한울아카데미, 2002. 에서 본 장을 정리.

29) 「로동신문」, '과학기술을 틀어쥐고 강성대국 건설에서 새로운 비약을 일으키자', 2002년 1월 23일자.

30) 고수석·박경은,『김정일과 IT 혁명』, (베스트북, 2002), p.46.

31) 한국은행, 「1999년 북한GDP 추정 결과」, (한국은행 보도자료, 2000년 6월 20일).

32) 한국은행, 「2000년 북한GDP 추정 결과」, (한국은행 보도자료, 2001년 5월 28일).

33) 한국은행, 「2000년 북한GDP 추정 결과」, (한국은행 보도자료, 2002년 5월 14일).

34) 「로동신문」 2002년 5월 21일 자.

35) 「로동신문」 2001년 4월 22일 자.

36) 〈조선중앙방송〉 2001년 5월 19일 자.

37) 「로동신문」 1999년 1월 16일.

38) 「로동신문」 2001년 5월 13일 자.

39) 「로동신문」 2002년 5월 21일 자.

40) 「로동신문」 2001년 5월 15일 자.

41) 「로동신문」 2001년 6월 11일 자.

42) 「로동신문」 2001년 4월 17일 자.

43) 〈조선중앙방송〉 2001년 4월 22일자, '정론: 과학의 세기'.

44) 「김일성 저작선집」 2권, 조선로동당출판사 p.319.

45) 「김일성 저작선집」 6권, 조선로동당출판사 p.243.

46) 「김일성 저작선집」 3권, 조선로동당출판사 p.383.

47) 통일부, 「주간북한동향」 제1078호, http://www.unikorea.go.kr

48) 『조선대백과사전 21』, (평양: 백과사전출판사, 2001), p.57.

49) 통일연구원, 『2009 북한개요』, (서울: 통일교육원, 2009), p.191. 재인용.

50) 북한은 공업부문에서 '청산리 방법'을 구현한 관리형태라고 강조하면서, "이 새로운 사업체계는 '개인은 전체를 위하여, 전체는 개인을 위하여'라는 집단주의적이고 공산주의적인 원칙을 훌륭하게 구현하고 있다. 이 사업체계는 상부에 있는 사람은 하부에 있는 사람을 돕고, 지식 있는 사람은 지식 없는 사람을 가르쳐 주고, 모든 사

람이 동지적으로 협력하고, 모든 직장이 서로 긴밀하게 협력하는 경제관리체계이다" 김일성, "대안사업체계를 더욱 발전시키기 위하여", pp.2~3.

51) 통일연구원, 『2009 북한개요』, (서울: 통일교육원, 2009), pp.191~92.

52) 통일연구원, 『2009 북한개요』, (서울: 통일교육원, 2009), p.192.

53) CNC는 Computerized Numerical Control의 약자로 컴퓨터에 의한 수치제어를 의미하고, 함남의 불길은 김정일이 함경남도의 2.8 비날론연합기업소를 방문한 후 함남을 중심으로 산업혁명을 이루어가자는 구호 및 운동의 의미로 2012년 강성대국 선포를 앞두고 경제분야에서의 업적을 선전하기 위해 강조되고 있다. 또한 김정은의 후계자 업적 쌓기 일환으로도 추진되었다.

54) 물론 새로 출범한 김정은 체제가 경제회복을 위해 7·1조치와 같은 개혁·개방정책을 시행할 경우, 대안의 사업체계는 경제이념이나 실제 운용에서 근본적인 큰 변화를 가져올 개연성도 있다.

55) 북한 사회과학원 사회주의 경제관리연구소, 『재정금융사전』, 1995.

56) 북한 헌법 33조: ……국가는 경제관리에서 대안의 사업체계의 도구에 맞게 독립채산제를 실시하며 원가 가격 수익성 같은 경제적 공간을 옳게 이용하도록 한다.

57) 『광명백과사전(경제)』(평양: 백과사전출판사, 2010), pp.41~48.

58) 『광명백과사전(경제)』(평양: 백과사전출판사, 2010), p.143.

59) 북한 노동당 규약의 서문을 보면 노동당은 노동자, 농민, 인테리를 비롯한 노동계급의 혁명적 당으로 규정된다. 또한 당원은 당적, 계급적 원칙을 철저히 지키며 정치적으로 계급적으로 판단하도록 의무가 부여된다. 북한의 소유특징도 이러한 정치적 계급성과 무관하지 않다. 「조선로동당규약」 (2010.9.28 수정)

60) 『광명백과사전(경제)』(평양: 백과사전출판사, 2010), p.146.

61) 「조선민주주의인민공화국 사회주의헌법」 (2009.4.9 수정)

62) 토지사용료납부규정은 2002년 7월 31일 내각결정 제53호로 승인된 것으로 다음의 문헌에서 인용한 자료를 참고하였다. 북한경제팀, '토지사용료 납부규정 및 시장관리운영규정', KDI, 『북한경제리

뷰』 12월호(2004)

63) 각인성, '개혁개방 이전 중국의 토지개혁경험 연구: 농촌토지소유
제 관계를 중심으로-', 경남대학교 인문과학연구소, 『인문논총』 제
25권(2010), pp.256~257.

64) 김근식, '북한의 실리사회주의와 체제변화', 북한연구학회,『북한연
구학회보』 제11권 2호(2007), p.41. 이현경, '북한의 경제조치와 사
회경제적 실태', 경희대학교 인류사회재건연구원, 『OUGHTOPIA』
제26권 3호(2011), p.50, 재인용.

65) 정은이, '북한 공설시장의 외형적 발달에 관한 연구', 한국동북아
경제학회,『동북아경제연구』 제23권 1호(2011) p.237.

66) 양문수는 북한의 시장문제를 연구하면서 북한의 변화를 논할 때
쟁점사항이 변하기 시작했고 변화유무가 아니며 변화 그 자체라기
보다는 변화의 양상, 성격, 함의로 무게중심이 이동했다고 평가했
다. 양문수, "북한에서 시장의 형성과 발전: 생산물 시장을 중심으
로," 한국비교경제학회,『비교경제연구』 제12권 2호(2005), p.3.

67) 박형중은 북한의 시장전개에서 주역은 일반 주민들이 아니라 권
력의 비호와 특혜를 배경으로 시장 확대 과정에서 지배자적 지위
를 가졌던 기관들, 비호 받는 상인들이라고 평가했다. 자세한 내용
은 다음을 참조. 박형중, '북한에서 1990년대 정권 기관의 상업적
활동과 시장 확대', 통일연구원,『통일정책연구』 제2권 1호(2011)

68) 박영자, '북한 경제시스템의 복잡계 현상: 시장의 자기조직화 경로
를 중심으로', 서울대학교 한국정치연구소,『한국정치연구』 제19권
제3호(2010).

69) 상거래 소득에는 직장에서 행한 부업도 포함되었으며 약 300명
에 대한 조사이다. 이영훈, "7·1조치 이후 북한 경제구조 변화의 특
징 및 시사점"(미발간원고, 2009.12), 권영경, "경제관리개선조치
이후 북한의 경제관리운용실태에 관한 연구", 북한연구학회,『북한
연구학회보』 제13권 제2호(2009), p.48. 재인용.

70) 북한당국은 1958.9 '내각결정 140호'에 의거 농촌시장을 폐쇄하
고 그대신 농민시장(일명: 장마당)을 창설하여 현재에 이르고 있음.
원래 쌀, 보리 등 곡물류와 공산품에 대해서는 거래 금지되고 있고
채소류와 빗자루 등 가내수공업품이 거래품목이며, 1개 군 단위에
1~2개소를 지정해 매월 3회 개장토록 제한. 최근에는 규제를 피해

매매금지품목까지 암거래가 이루어지며 시장가격은 국정가격보다 5~10배 정도 높은 가격으로 형성.

71) 최근 미국 국립민주주의기금(NED) 산하 연구소가 북한에서 운영되는 50개 장마당을 조사한 결과 최소한 2개의 장마당은 하루 최고 10만 명이 이용하는 것으로 확인됨. (「서울신문」 2012년 2월 8일자 보도).

72) 남한의 길거리 포장마차 형식과 비슷하지만 대개 나무판자를 포장마차 형식으로 만들어 놓고 바람이나 주변의 먼지로부터 음식을 가리기 위한 보조적 수단이라고 볼 수 있음. 주로 가공된 음식만을 판매하며 즉석에서 가공, 요리하는 것은 없다. 판매되는 음식은 떡, 빵, 사탕, 아이스크림(여름), 술, 안주 등 주로 식품을 판매함.

73) 되거리장사는 소규모의 자본금을 가지고 여러 명의 소상인들이 협동하여 운영함.

북한의 경제

개방과 폐쇄의 딜레마, 북한의 이중적 경제

펴낸날   **초판 1쇄   2012년 4월 17일**

지은이   **남성욱 · 정유석**
펴낸이   **심만수**
펴낸곳   **(주)살림출판사**
출판등록 **1989년 11월 1일 제9-210호**

경기도 파주시 문발동 522-1
전화 **031)955-1350**   팩스 **031)955-1355**
기획 · 편집 **031)955-1377**
http://www.sallimbooks.com
book@sallimbooks.com

ISBN   978-89-522-1790-5   04080

책임편집 **양민**